全脳記憶英単語

快単ジュ

「準2級〜2級レベル」

Level 1

No.0001 〜No.0300

Level 2

No.0301 〜No.0600

Level 3

No.0601 〜No.0850

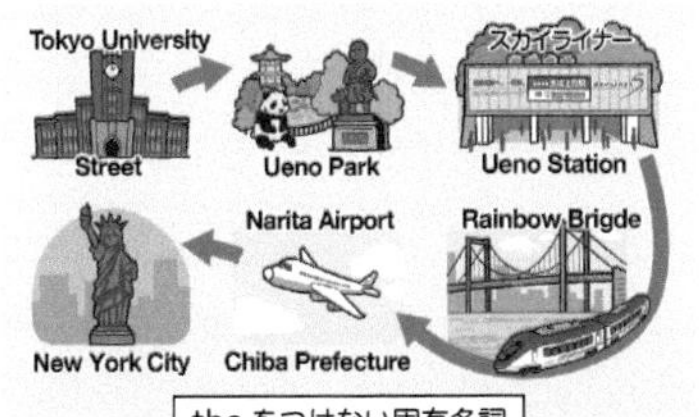

Level 4

No.0851 〜No.1100

Level 5

No.1101 〜No.1300

収録語彙

- ■ 主要見出しNo.1 〜No.1300
- ■ 全収録語数 2515 語
- ■ 文法項目

はじめに

みなさん、こんにちは。快単シリーズの開発者の落合《オッチー》です。

「快単ジュニア」は全脳記憶英単語「快単」シリーズの基礎レベルの単語集です。収録されている単語は中学から英検 2 級レベルの難易度ですが、この単語集をマスターするとグッと英語のレベルがあがり、英語が得意になります。

なぜかというと、収録されている単語は基礎的なものですが、学校では教えてくれない単語の持つ本質的な意味や使い方などの重要ポイントが習得できるからです。

このポイントは超難関高校の入試問題でよく見かけます。また、一流大学や英検 2 級以上の受験生でもこのポイントが抜け落ちているケースがよくあります。このような盲点や急所に重点を置いた教材はほとんどないので、英語を得意にしたい人には、またとないチャンスです。この単語集を完全にマスターしてください。

お勧めなのはこのような人たちです！

■ 英検・単検の２級以上の取得を目指している人

■ トップレベルの高校を受験する中学生

■ 英語の基礎に抜け落ちている部分が多い大学受験生

■ 英語の勉強を一からやり直そうとしている大人たち

次に英単語の覚え方についてお話しします。インターネットを見ると「英単語の記憶」に関する動画がたくさんアップされていますが、そのほとんどが的はずれです。それは次の２つの理由によります。

1．記憶のメカニズムを理解していない。

英単語の覚え方をアップしているほとんどの人が「自分は単語集を数十回転して覚えた（中には 150 回転とかも）」というような根性自慢にも似た覚え方を紹介しています。それを見た多くの人は、それが正しい覚え方だと信じ込んで、ふつうの単語集を根性で覚えようとして挫折してしまいます。

記憶には「記憶＝インパクト × 回数」という公式があります。

インパクトとは五感で感じる印象の強度です。インパクトが弱いと回数を増やさないと記憶ができないので、何回転もする根性記憶が推奨されてしまいます。

快単シリーズはイメージ、ゴロ、語源、カタカナなどを駆使することでインパクトが強烈になるように工夫されています。加えて、無料で提供される暗記用の動画もあるので、快単を使うとムダな努力なしで短時間で英単語をマスターできます。

2．レベルを考慮していない。

単語の覚え方を紹介する人の大半は、1つのやり方しか示しません。最も効果的な覚え方は学習者のレベルや状況によって大きく変わります。現役生と浪人生では当然違います。中学生と高校生でも全く違います。ふだん学校の教科書を音読している人と、音読をしたことのない人でも使う教材は変えるべきです。

単純な例として、中学英語と高校英語を比べてみましょう。

※ 記号は重要度

	中学英語	高校英語
レベル	英検準2級まで	英検2級～準1級
単語数	1500語	3000～5000語
単語の特徴	具体的な物	抽象的な概念
出現頻度	多い	少ない
スペリング	◎	×
活用形	◎	×
語法	×	◎
語源	×	◎
インパクトの必要性	△	◎
発信での利用	◎	△
重要箇所	英文全体	動詞の後ろ

このような特徴をふまえて、単語学習は英語学習の全体像からその時々のレベルに応じて決定されるべきなのです。高校英語を書いて覚えるのは全くのムダですが、中学英語は書けてなんぼです。中学英語は教科書を音読して全文暗記する中で覚えるべきですが、高校英語は同時に、単語集で1語1秒意味1コを大量にマスターしていかなければなりません。単語学習はこのようなトータルな視点を持って初めて正しく位置づけられるのです。

快単ジュニアの特長

本書は中学英語と高校英語の中間レベルにあるため、あえて「快単 vol.1・2」にあるようなインパクトを強める覚え方は採用していません。dictionary を「字引く書なり」、January を「1月はお年玉もらってゼニあり～」と覚えるような方法は、この段階では返ってスピード感を損ないます。頻繁に目にする単語はインパクトより回数を増やした方が効率的だからです。ただ、一部の単語は「快単 vol.1・2」と重複しており、語源を知っておいた方がよいと判断したものには語源を付記してあります。また、文法事項には適切な覚え方や扉にイラストをつけてあります。以下に本書の特長をあげます。

1．試験で問われる形式

単語には急所があります。意味に加えて、スペリングだったり、熟語だったり、発音だったり、活用だったりがそうです。

その「痛いところ（＝実力がつく箇所）」を問題形式で覚えるようになっているのでそれに答えられるようにするだけで、自然と試験における得点力がアップします。

2．発信力を鍛える形式

apple を見て「りんご」と答えるのは消極的語彙と言います。

本書は This is [　　]. の空所に「りんご」を入れさせるような積極的発信型の語彙で覚えるようになっています。基礎レベルの単語は単に意味がわかっても全く力はつかないからです。「りんご」は可算か不可算か、冠詞は a か an か、スペリングはどう書くのかなどが正確に答えられるようになって初めて英語力がつくのです。東大受験生で最も多い間違いが冠詞や3単現の S という中1レベルです。それをこの時期から意識させ、使える英語を目指しています。

3．ハイレベル文法の導入

中学生で英検２級を目指す人は並行して高校文法を身に着けなければなりません。しかしながら、学校では教えてくれず、ネットでも何を知っておくべきなのか選び切れず、参考書を読んでもピンと来ないことが多いでしょう。そこで、本書では、随所に高校文法の重要箇所の本質と覚え方 (tips &tricks) を示してあります。まずは、ここに書かれてある通りに覚えてから必要に応じて次のステップに進むことで、文法も格段と身に付きやすくなります。

4．発音・アクセントルール

中学レベルで絶対にマスターしたいのは発音やアクセントのルールです。heard と hard, heart と hurt, cone と corn などが同じ発音なのか違うのかを自信を持って説明できる人はなかなかいません。単語学習の第 1 歩は発音です。自信を持って発音できない語は覚えられないという法則があるからです。本書では早い段階で音声ルール自体を設問にすることで、後の単語の習得が容易になるような設計をしています。

5．適切な収録語彙

「試験に出る順」などの単語集では、apple や desk のようなだれでも知っている基本単語までが収録されているのでムダが多いです。本書では、試験で狙われる単語以外は小学や中 1・2 レベルの単語は収録していません。本当に実力のつく盲点となる単語を中心に、基礎レベルの単語集でなければカバーすることのない国名や動物の名前などがバランスよく収められています。徐々に難度をアップしつつ、混同しそうな単語は近くに載せてあるので、安心して順番通りに覚えていけばよいようになっています。

快単ジュニアの使い方

本書に収録されている見出し語数は次の通りです。

Level 1　基本 300 語

Level 2　基本 300 語

Level 3　ハイレベル 250 語

Level 4　ハイレベル 250 語

Level 5　トップレベル 200 語

合計 1300 語は、多くないように感じられるかもしれませんが、派生語などを入れると実際には 2500 語を越えるけっこうな数になります。そこで、前から順番に覚えるのではなく、以下を参考に自分の目標に合わせた「実力がつく順番」で覚えていきましょう。

１．重要な順に覚える

単語の暗記項目における重要性は次の順番です。

発音・意味 ＞ 語法・熟語 ＞ 派生語・対義語・類義語 ＞ つづり

よって、Level 1 の派生語やスペリングよりも Level 3 の意味の方が重要ということがありえます。文中で出た派生語は、初見でも意味がわかることがありますし、スペリングはミスをしても失点は小さいものです。一方、単語の意味は、１つがわからないだけで文全体が読めなくなる場合があるからです。

２．目標レベルを設定する

A) 公立の高校入試、英検３級…Level 2

B) 偏差値 70 までの私立の高校入試、英検準２級…Level 3

C) トップレベルの高校入試、英検２級、大学入試基礎…Level 4・5

それぞれの目標までを次のやり方で完璧になるまで繰り返しましょう。

3.「最初の青い Questions」をマスターする

それぞれの単語には Questions がついています。まずは、目標レベルの範囲内の一番上の「青い設問」に答えられるようにしましょう。一番上が「発音」や「アク」であるときは「意味」まで言えるようにします。意味２とあるときは２つとも言えるように、2or3 のようにあるものは小さい数字の数だけ言えれば進みます。なお、設問の（　　）には１語、[　　]には１語または２語以上が入ります。

4. ２ページずつ満点法で進める

２ページ単位で進めるのがよいでしょう。英語力のある人はいきなり設問に答えてもよいですが、通常は最初に Answers & Key Points の解説を読んでから始めます。いずれにしても、次の「満点法」というやり方をします。

① 答えを隠して「最初の青い Questions」に答えられるかチェックする。できない箇所はエンピツで番号の左に・をつける。このとき、できない語の解答は見ないで、どんどん進んで右ページの最後まで行く。

② 次に・がついた単語の解説をよく読み、その場で覚える。

③ 最後まで行ったら、・のついた単語のみ①の作業をし、答えられたらそのまま、できないものは・・（または⦿）にする。

④・・の単語に対して②と③を繰り返し、全部に答えられるようになったら次のページに進む。この満点法のやり方で、「最初の青の Questions」が目標レベルまで完了したら、２つめ（グレー）以降の設問に取りかかる。

5. 大量に進み、大量に繰り返す

快単ジュニアは、記憶の公式の「回数」に重点をおいています。

１日で最低６～12 ページほど進み、翌日は１回復習をしてから次のセットに入りどんどん進みましょう。最後まで行った後も何度もくり返して反射スピードを上げてください。

Level 1

№0001 ～№0300

レベル1

単語・熟語 & Questions		Answers & Key Points
0001 Good morning.	意味 おはよう以外	さようなら 午前中にわかれるときに、Good を強く言う。
0002 yes [jés] ユイエス	意味 はい以外	いいえ 否定文に対しての返事で使う。 Aren' t you hungry? / Yes, I am. お腹減っていないの ? / いいえ、減ってるわよ。 英語では、聞かれ方にかかわらず、肯定ならyes、否定なら no。
0003 no [nóu] ノウ	意味 いいえ以外 2	はい 否定文に対しての返事で使う。 Can't you swim? / No, I can't. 泳げないのですか。/ はい、泳げません。 ゼロの I have no money. 私はゼロのお金を持っている。 ＝私はお金を持っていない。
0004 any [éni] エニィ	意味	どんな（～も） 疑問や否定などに関係なく使う You can eat any cake on the table. あなたはテーブルの上のどんなケーキでも食べてよい。肯定では単数形 Do you have any brothers or sisters? どんな兄弟でもいますか。疑問では複数形
0005 no =(　)(　)	空補	not any I have no friends. = I don't have any friends. no のあとは可算名詞では通常複数形だが家のように単数が自然なときは単数形。 例) I have no house.
0006 仕事	英語 2～5	1 work（不） 2 job（可） 3 task（可） 4 labor [léibər] レイバァ（不）肉体労働 5 profession [prəféʃən] プラフェシャン（可）知的職業

単語・熟語 & Questions		Answers & Key Points
0007 a work	発音 意味	[wəːrk] ワーク 作品　この意味では可算名詞
0008 (　) a (　) 散歩をする	空補 発音	take a walk [wɔːk] ウォーク 「ひと歩きを取る」と表現 cf. go for a walk 散歩に行く
0009 1 形容詞 2 副詞	定義	1 名詞を説明する品詞 a young boy, The boy is young. 2 名詞以外（動詞、形容詞、副詞）を説明する品詞 walk slowly, very beautiful
0010 here [híər] ヒア	品詞 意味	副詞 ここに、ここへ、ここで　× ここ come ~~to~~ here ここに~~に~~来る　hear と同音
0011 1 そこへ行く 2 家へ行く	英語	1 go there there（副）そこに、そこへ、そこで 2 go home home（副）家に、家へ、家で（名）家
0012 1 学校へ行く 2 寝る	英語	1 go to school 2 go to bed school, bed は名詞なので、to（へ）をつける。これらは建物本来の目的のために行くときは冠詞をつけない（裸名詞）で言う熟語。 他に go to church, go to town など。
0013 彼が博物館に行く途中で	英語 アク	on his way to the museum museum [mjuːzíəm] ミューズィアム to（前置詞）＋the museum（名詞）で形容詞句になって his way を修飾。「博物館への道の上で」 前置詞＋名詞＝形容詞句 or 副詞句

番号	単語・熟語 & Questions		Answers & Key Points
0014	私たちが学校から家へ帰る途中	英語	**on our way home from school** home は本来副詞だが、「家への道」と名詞にかかる
0015	３杯の紅茶	英語	**three cups of tea** 熱い飲み物には cup を使う。mug も可。
0016	ジュースのおかわりはいかがですか。	英語 スペ ジュース	**How about another glass of juice?** 冷たい飲み物には glass を使う。 another [ənʌ́ðər] アナざー は an と other の合成語で「もう１つ他の」の意味。 juice は 100%の果汁 スペ ジューイス How about は「～はどうですか」という熟語。 about は前置詞なので後ろは名詞か動名詞。
0017	not as ～ as …	意味	…ほど～ではない I am not as tall as Jim. ぼくはジムほど背が高くない。 not so ～ as は古い形
0018	well	意味 3～5	1 上手に（副） 2 元気だ（形） 3 ええと（間） 4 井戸（名） 5 汲み上げる（動）
0019	good, well	比較級 最上級	**good,well > better > best** good は「上手な」という形容詞
0020	bad, badly, ill	比較級 最上級	**bad,badly,ill > worse > worst** worse [wəːrs]《ワース》 より悪い、より悪く、より具合悪い worst [wəːrst]《ワースト》 一番悪い、一番悪く、一番具合悪い
0021	高い ↔ 安い	英語	**expensive** [ikspénsiv] イクスペンスィヴ ↔ **cheap** [tʃíːp] チープ 安っぽい感じ inexpensive [inikspénsiv] イニクスペンスィヴ も可

0022	敵 ↔ 味方	英語	enemy [énəmi] エナミイ ↔ friend [frénd] フレンド スペ フリエンド
0023	貸す ↔ 借りる	英語 活用 貸す	lend > lent > lent ↔ borrow [bárou] バロウ どちらも移動を伴う。
0024	トイレ借りても いいですか。	英語 can を 使って	Can I use the bathroom? 移動しないので borrow は不可。 公共の場でのトイレは the restroom 。
0025	Can you swim?	言い換え 熟語で	Are you able to swim? can [kn] クン = be able to can の否定は can't [kǽnt] キャント か cannot [kǽnɑt] キャナット　×can not
0026	He is a doctor. 未来の否定の短縮形に	言い換え 2	1 He won't be a doctor. 2 He isn't going to be a doctor. won't [wóunt] = will not＋原形 will = be going to＋原形
0027	1～3人称を説明	定義	1人称（自分）I < we 2人称（相手）you < you（あなたたち） 3人称（その他すべて）this < these he, she, it < they（彼ら、彼女ら、それら） that car < those cars など
0028	単数と複数を説明	定義	単数 1つの可算名詞 a chicken, an orange すべての不可算名詞 water, money, chicken（肉） 複数 1つ以外の可算名詞 two eggs, many children, 0.5 grams, 0 degrees, 1.1 meters

	単語・熟語 & Questions		Answers & Key Points
0029	単語に s がつく場合	定義 2	1 複数形の S：可算名詞が 1 つ以外のときに 名詞につく books, babies 2 3 単現の S：主語が 3 人称単数で時制が 現在のとき動詞につく He plays tennis.
0030	He ( )( ) Tokyo. 出身だ	空補 2	1 comes from 2 is from どちらも現在形で言う。 cf. He came from Tokyo. 彼は東京から来た。
0031	彼女はたいてい 6 時40分に起きる。	英語 スペ 40	She usually gets up at six forty. usually は助動詞ではなく、頻度を表す副詞なので、後ろに原形ではなく現在形が来る。 get は動き、変化。「上に動く」→「起きる、立つ」 [スペ] forty は u を放って
0032	頻度を表す副詞	英語 頻繁な順 5	always [ɔ́ːlweiz] オールウエイズ いつも > usually [júːʒuəli] ユージュアリイ たいてい > often [ɑ́fn] アフン しばしば、よく > sometimes [sʌ́mtàimz] サムタイムズ ときどき > never [névər] ネヴァ けっして〜ない、一度も〜ない often は [ɑ́ftn] アフトゥンとも言う。 sometime は「いつか」(ある時 some time とも) some time は「しばらくの間」 (≒some hours / some days)
0033	some [sm/sʌm] スム サム	意味 2or3	1 いくつかの (＋可算複数) some students いくらかの (＋不可算) some ice cream 2 ある (＋可算単数) some village ある村 3 約 (＋数詞) some twenty people 約 20 人 漠然としたまとまりがあれば疑問や否定でも可
0034	full [fúl] フウ	意味 反対	いっぱいだ ↔ empty [émpti] エンプティ 空だ

No.	単語・熟語 & Questions		Answers & Key Points
0035	She (　)(　) the train. 乗った	空補	**got on** on 足を床に接するように get 動く 立てるものに使う cf. get in a car
0036	She (　)(　)(　) the bus. 降りなかった	空補	**didn't get off** off 離れるように get 動く 立てるものに使う cf. get out of a car
0037	**leaf** [lí:f] リーフ	意味 複数	**葉** < **leaves** f, fe で終わる語は通常 f を v にして es
0038	ナイフ	英語 複数	**knife** [náif] ナイフ < **knives** [náivz] ナイヴズ under the knife 手術を受ける
0039	**twelve** [twélv] トゥエルヴ	意味 序数	12、**twelfth** [twélfθ] トゥエルフす 第12番目の five > fifth など ve で終わる語は v を f にして th
0040	**twenty** [twénti] トゥエンティ	意味 序数	20、**twentieth** [twéntiəθ] トゥエンティアす（実際はトゥエニすに聞こえる） 第20番目の y を ie にする。
0041	進行形	形 意味	**be 〜 ing** 〜している be「です」と do「ます」はそのままの形では一緒に使えない。(×) He is swim.
0042	He is (　). 死にかけている	空補	**dying** 1 die [dái] ダイ 死ぬ　2 tie [tái] タイ 結ぶ 3 lie [lái] ライ 横たわる、うそをつく この3語の ing は ie を y にして、dying, tying, lying にする。
0043	He is (　). 死んでいる	空補 反対	**dead** [déd] デッド ↔ **alive** [əláiv] アライヴ living は「生活している」
0044	死 ↔ 誕生	英語	**death** [deθ] デす ↔ **birth** [bə:*r*θ] バーす cf. life 命、人生、一生、生物、活気、実物

No.	単語・熟語 & Questions		Answers & Key Points
0045	私は2月に生まれた。	英語 スペ 2月	I was born in February. February [fébruèəri] フェブルエアリィ [スペ] フェブルアリィ
0046	それは8月9日に 起こった。	英語 数字を 使わない スペ	It happened on August (the) ninth. August [ɔ́ːgəst] オーガスト　[スペ] アユグユスト ninth [náinθ] ナインす [スペ] ninth には e がないんす
0047	土曜日に	英語 スペ	on Saturday [sǽtərdei] サタデイ 毎週なら Saturdays　[スペ] サトゥルデイ 曜日、日付の前は on（狭い点） 時刻の前は at（もっと狭い点）
0048	正午に	英語	at noon 狭い1点
0049	夜に	英語	at night 寝ると翌朝になっているから狭い1点 幅がある感覚の夜は in the night もいう
0050	午前中に	英語	in the morning 1日の中で「午前中」は幅がある時なので in
0051	ある水曜の朝に	英語 スペ 水曜	on a Wednesday morning Wednesday [wénzdei] ウエンズデイ [スペ] ウエドネスデイ 1年の中で「ある日の午前」は点になるので on
0052	秋	英語 2 スペ	fall [fɔ́ːl] フォーウ　[スペ] ファルル 葉っぱが落ちるから fall 落ちる > fell > fallen autumn [ɔːtəm] オータム [スペ] アユトゥユムン

単語・熟語 & Questions		Answers & Key Points
0053 drown	発音 意味	[dráun] ドゥラウン 溺れ死ぬ 「私は溺れた」は I almost drowned.
0054 draw [drɔ́ː] ドゥロー	英語 活用	引く、描く > drew [drúː] ドゥルー > drawn [drɔ́ːn] ドゥローン drew ドゥリューと発音しないこと
0055 man [mǽn] メァン	意味 2 複数	① 男（の人）< men ② 人類　不可算名詞なので複数形はない
0056 woman	意味 発音 複数 発音	① 女（の人）　woman [wúmən] ウウマン 下線部はウーではない ② women [wímin] ウイミン o でイと発音する唯一の語
0057 人	英語 1～4	① person [pə́ːrsn] パースン ② human (being)　being は「生物」(可算) [hjúmən (bíːiŋ)] ヒューマン（ビーイング） ③ one [wʌ́n] ワン　(win>) won と同音 ④ someone [sʌ́mwʌ̀n] サムワン だれか
0058 この理由のために	英語	for this reason reason [ríːzn] リーズン 理由、理性
0059 池	英語	pond [pánd] パンド
0060 秘密	英語	secret [síːkrət] スィークラト
0061 field [fíːld] フィールド	意味 2or3	① 畑 ② 野原 ③ 分野

No.	単語・熟語 & Questions		Answers & Key Points
0062	Wait (/Just) a ( ). ちょっと待って	空補 2or3	1 **minute** [mínit] ミニット 分 2 **second** [sékənd] セカンド 秒 3 **moment** [móumənt] モウマント 瞬間 １時間を第一段階でミニにしたのが分、 第二段階でミニにすると秒
0063	１時間は 60 分です。	英語 2	**An hour has sixty minutes.** **There are sixty minutes in an hour.** one hour も可。
0064	歯	英語 複数	**tooth** [tú:θ] トゥーす < **teeth** [tí:θ] ティーす
0065	どろぼう	英語 複数	**thief** [θí:f] すィーフ < **thieves** [θí:vz] すィーヴズ
0066	**steal** [stí:l] スティーゥ	意味 活用	盗む > **stole** [stóul]《ストウウ》> **stolen** [stóuln]《ストウルン》 cf. steel(同音) 鋼鉄
0067	**freeze** [frí:z] フリーズ	意味 活用	凍る > **froze** [fróuz] フロウズ > **frozen** [fróuzn] フロウズン
0068	これは面白い (i) 国です。	英語 複数	**This is an interesting country.** 母音の前は an **These are interesting countries.** 「これらはおもしろい国々です。」 子音+y の複数は y を i にして es
0069	あれは私たちの バスですか。 はい、そうです。	英語 複数	**Is that our bus? Yes, it is.** **Are those our buses? Yes, they are.** s, o, x, sh, ch ソックスシチューで終わる語は es をつけるが、o は s だけの場合もある。 it の複数は they それら

No.	単語・熟語 & Questions		Answers & Key Points
0070	そこに子供は（1人） いますか？ いいえ、いません。	英語 複数	Is there a child there? child [tʃáild] チャイルド 子供 No, there isn't. There is の there には「そこに」の意味はない。 Are there children there? children[tʃíldrən] チルドラン 子供たち No, there aren't. there は副詞なので主語になれない。be 動詞の後ろが主語で、それに合わせて is, are が決まる。
0071	hang [hǽŋ] ヘァング	意味 活用	ぶら下がる、ぶら下げる > hung [hʌ́ŋ] ハング > hung
0072	電話を切る ↔ 切らずにおく	熟語	hang up 壁にかけるイメージ ↔ hang (/hold) on オンのままにしておく
0073	a few <some <(　) < many	空補	several [sévərəl] セヴァラル いくつかの、いくつもの
0074	a few と few	意味 違いを説明	few ほとんどない a few 少しある いずれも可算名詞に使い、同じ数でも主観によって変わる
0075	彼にはほとんどお金がない。	英語 2	He has little money. He has almost no money. little ほとんどない a little 少しある これらは不可算名詞に使う
0076	at last =(　)	意味 空補	とうとう、ようやく、ついに、やっと finally [fáinli] ファイヌリイ final [fáinl] ファイノゥ 最後の 否定で使わない。at は点（最後の時点で）

No.	単語・熟語 & Questions		Answers & Key Points
0077	自動詞と他動詞	定義	自動詞:「〜を」の腕がなく、自分だけで成立。 目的語を取らない動詞（補語は可）。 他動詞:「〜を」の腕があり、他人（目的語）を必ず取る動詞。
0078	上がる	英語 活用	**rise** [ráiz] ライズ 自動詞 The sun rises in the east.「太陽は東から昇る」 > **rose** [róuz] ロウズ > **risen** [rízn] リズン rose は「バラ」と同じ
0079	〜を上げる	英語 活用	**raise** [réiz] レイズ 他動詞 He raised his right hand.「彼は右手を上げた」 > **raised** > **raised**
0080	横になる うそをつく	英語 活用	**lie** [lái] ライ 自動詞 > **lay** [léi] レイ > **lain** [léin] レイン lain は lane「小道、レーン」と同音 He lied.= He told a lie. 「うそをつく」の意味では規則変化
0081	〜を横にする （卵）を産む	英語 活用	**lay** [léi] レイ 他動詞 > **laid** [léid] レイド > **laid** The hen laid an egg. 「そのめんどりは卵を産んだ。」
0082	She (　　) on the bed. (① lay　② lay herself ③ laid　④ was lain)	選択 適語	① **lay**　lie の過去形が正解。 ② lay herself は 3 単現の S がないので不可。 ③ laid は他動詞なのに目的語がないので不可。 ④ was lain は自動詞が受動態になっているので不可。
0083	受動態	形 意味 定義	**be p.p.**（過去分詞）　〜される 能動態の目的語を主語にして言い換えた文。 自動詞には目的語がないので、受動態もない。 × I was died by my wife. 私は妻に死なれた。

単語・熟語 & Questions		Answers & Key Points
0084 choose [tʃúːz] チューズ	意味 活用 名詞	選ぶ > chose [tʃóuz]《チョウズ》 > chosen [tʃóuzn]《チョウズン》 名 choice [tʃɔ́is] チョイス 選択
0085 fly [flái] フライ ［動詞］	意味 活用 名詞	飛ぶ 名詞では「ハエ」 > flew [flúː]《フルー（× フリュー）》 > flown [flóun]《フロウン》 名 flight [fláit] フライト 飛行
0086 He often (　　) to L. A. 彼はよくロスに飛行機で行く。	空補 書き換え 全文	flies He often goes to L. A. by plane. by＋乗り物「～で」では乗り物は裸名詞（a, the, my, -s などがつかない可算名詞）。by air も可。
0087 mean [míːn] ミーン ［動詞］	意味 活用 名詞	意味する　形容詞では「意地が悪い」 > meant [mént] メント > meant 名 meaning [míːniŋ] ミーニング 意味
0088 それはどういう 意味ですか	英語 6語	What do you mean by that? それ（あなたが今いったことば）によって あなたは何を意味する（言いたい）か。
0089 He must come.	否定 しなくて良い 2～3	He doesn't have (/need) to come. He need not come. この need は助動詞
0090 You (　)(　)(　) to the radio. ラジオを聴いて いてはいけない。	空補	mustn't be listening must not = mustn't [mʌ́snt] マスントは強い禁止 「聴いている」は進行形 be ~ing。 listen は短母音＋子音ではないので n を重ねない。
0091 母音を 3 種類	定義	1 短母音ア , イ , ウなど 2 長母音アー , イー , ウーなど 3 二重母音アイ , エイ , オウなど 短母音＋子音は子音を重ねる 例）running, planned, bigger, hottest

No.	単語・熟語 & Questions		Answers & Key Points
0092	おじ ↔ おば	英語 スペ	uncle [ʌ́ŋkl] アンコウ　ウンクレ ↔ aunt [ǽnt/ɑ́:nt] エァント　アユント
0093	(1匹の) ありが そのライオンを救った。	英語	**An ant saved the lion.** ant [ǽnt] アント は米式発音の aunt と同音。 lion の発音は [láiən] ライアン。
0094	私たちはトランプをして 楽しくすごしていた。	英語 2	1 **We were having a good time playing cards.** 2 **We were enjoying ourselves playing cards.** playing の前に in などの前置詞があったが、今は省略するのがふつう。enjoy oneself は「自分自身を楽しませる=楽しくすごす」と考える。
0095	**little** [lítl] リロウ	比較級 最上級	**> less > least** less は not の比較級と考えてもよい。 例）This table is less large than that. このテーブルはあのテーブルほど大きくない。 = This table is not as large as that.
0096	**late** [léit] レイト	比較級 最上級 各 2	1 > **later** [léitər] レイター より遅い、より遅く > **latest** [léitist] レイティスト 一番遅い（最新の）、一番遅く（時間） 2 > **latter** [lǽtər] ラター より後の、後者 > **last** [lǽst/lɑ́:st] ラスト 一番最後の（順序）
0097	**far** [fɑ́:r] ファー	比較級 最上級 各 2	1 > **farther** [fɑ́:rðər] ファーざー より遠い、より遠く >**farthest** [fɑ́:rðist] ファーずィスト 一番遠い、一番遠く（距離） 2 > **further** [fə́:rðər] ファーざー より進んだ、より進んで > **furthest** [fə́:rðist] ファーずィスト 一番進んだ、一番進んで（程度） farther は father「父」と同音。

単語・熟語 & Questions			Answers & Key Points
0098	[ɑː] と [əː] の区別	定義	[ɑː] 口を大きくあけるアー ar と heart 例）park, garden, hard, heart [əː] あいまいなアー ar 以外（ir, or, ur, er, ear, our） 例）first, work, turn, person, learn, journey
0099	**hear** [híər] ヒア	意味 活用	聞こえる > **heard** [hə́ːrd] ハード > **heard** here と同音。 規則変化ではないので、heared ヒアドではない。 cf. hard [háːrd] ハード 「固い、難しい、つらい、熱心な（に）」
0100	彼女はけがをした。	英語 2	① **She hurt herself.**（物理的） ② **She was hurt.**（物理的、心理的） was の変わりに got（動きが強く出る） hurt の代わりに injured（物理的）も可。 hurt [həːrt] ハート「けがをさせる」 > hurt > hurt 他動詞なので目的語が必要。
0101	けがをさせる	英語 2	① **injure** [índʒər]《インジャー》 偶然ケガをさせる ② **wound** [wúːnd]《ウーンド》 故意にケガをさせる
0102	（ふつうの）花	英語 同音	**flower** [fláuər] フラウアー **flour** 小麦粉
0103	さくらの花は満開です。	英語	**The cherry blossoms are at their best.** さくらの花はそれらの最高点である。 blossom [blásəm] ブラサム（木の）花
0104	**right** [ráit] ゥライト	意味 4or5	① 右　② 正しい　③ まさに ④ ふさわしい　⑤ 権利　write と同音 right here まさにここに、right now まさに今

単語・熟語 & Questions		Answers & Key Points
0105 light [láit] ライト	意味 4 活用	1 光　2 明るい 3 軽い　4 火や灯りをつける > lit [lít] リット > lit
0106 ( )( )( ) she came home, she began crying.　するとすぐ	空補	As soon as as soon as で when の位置 soon[súːn] スーン すぐに、まもなく、やがて
0107 彼女はスキーが得意だ。	英語	She is good at skiing. ski [skíː] スキー スキーをする 名詞ではスキーの板 (skis) の意味。 at は前置詞なので、後ろは名詞か動名詞。
0108 あなたは何に興味がありますか。	英語	What are you interested in? 「～の中に惹かれる」なので、受け身で in
0109 彼らは彼の考えに驚いた。	英語	They were surprised at his idea. 「～に驚かされる」なので、受け身で at idea [aidíːə] アイディーア 考え
0110 彼女は年の割に若く見える。	英語	She looks young for her age. 五感動詞の後ろに形容詞を取るときはそのまま
0111 あの岩は人の顔のように見える。	英語	That rock looks like a human face. 五感動詞の後ろに名詞を取るときは like を入れる。 like は「ように、ような、ようだ」という前置詞
0112 指示代名詞をすべて	定義	this これ、these これら that あれ、those あれら、人々 何かを指差していうもの。 that はお互いから離れたものでは「あれ」、相手の近くにあるものでは「それ」と訳す。 it の「それ」は前に出た単数名詞を受けるときの訳。

	単語・熟語 & Questions		Answers & Key Points
0113	人称代名詞（主格）をすべて	定義	I, we, you, he, she, it, they 前に出た名詞を言い換えたもの。天気を表す it は何かの言い換えではないので非人称の it と言う。
0114	それは何のように見えますか。	英語 人称代名詞で	What does it look like? 名詞を聞くなら what。
0115	それの味はどう？	英語 指示代名詞で	How does that taste? 形容詞や副詞を聞くなら how。
0116	それはすっぱい味がする。	英語	It tastes sour. look,taste などの五感動詞は be の働き。 It is sour. の関係。 sour [sáuər] サウア
0117	甘い	英語 反対	sweet [swíːt] スウィート ↔ bitter [bítər] ビター 苦い
0118	汗 > セーター	英語	sweat [swét] スウェット > sweater [swétər]《スウェらー》（汗をかかせるもの）
0119	1 塩 2 砂糖	英語	1 salt [sɔ́ːlt] ソールト 形 salty [sɔ́ːlti] ソールティ しょっぱい 2 sugar [ʃúgər] シュガー
0120	That (　　) great. （話が）いいねえ	空補	sounds それはすばらしいように聞こえる。 五感動詞＋形容詞　That is great. の関係。
0121	That (　　)(　　) a good idea. いいねえ	空補	sounds like それはいい考えのように聞こえる。 五感動詞＋like＋名詞
0122	この花は甘い香りがする。	英語	This flower smells sweet. This flower is sweet. の関係。

No.	単語・熟語 & Questions		Answers & Key Points
0123	私は寒く感じた。	英語 活用	I felt cold. feel [fíːl] フィーウ > felt [félt] フェルト > felt
0124	私はそんな気分じゃない。	英語 feel で	I don't feel like it. それのように感じる＝それをしたい (want)
0125	私は散歩に出かけたい気分だ。	英語 2	1 I feel like going for a walk. like は前置詞なので後ろは 動名詞。 2 = I want to go for a walk.
0126	How are you?	答え fine 以外 1～5	1 Good. 同意で 2 Not (too) bad. 3 I'm doing well. まあまあのときは 4 I'm okay. 5 I'm so-so.
0127	(　)(　) you (　)? 0126 を 4 語で	空補	How are you doing 文法的には I'm doing well(/fine). のように答えるべきだが、上と全く同じに答えてよい。
0128	ご両親はいかがお過ごしですか。	英語	How are your parents (doing)? parent [péərənt] ペアラント 親
0129	How's (　)(　)? 調子はどう。	空補	it going it は状況。文法的には It's going well. のように答えるべきだが、0126 と同じに答えてよい。
0130	What's up?	答え 1or2	1 Not much.（much は名詞） 2 Nothing much.（much は形容詞） 「何が up（新しく起こっている）」と聞いているので名詞で答える。「何をしているの」にもなる。
0131	あなたはどう思いますか？	英語	What do you think? I think that he is crazy. のように that 以下の「こと」と名詞で答えるので what 。

No.	単語・熟語 & Questions		Answers & Key Points
0132	彼はどうやって 仕事に行きますか。	英語	How does he go to work? He goes to work by bus. のように手段を表す副詞で答えるので how。
0133	He walks to school. = He goes to school (　)(　).	空補	on foot 「徒歩で」on は足を地面に接するから。
0134	one foot [fút] フット	意味 長さ 複数	（片方の）足、1フィート 約 30cm（= 12 inches） < feet [fíːt] フィート　cf. leg 脚
0135	助動詞の鉄則	定義	うしろに動詞の原形が来る
0136	誤解があるかもしれない。	英語	There may be a misunderstanding. might [máit] も同意で 50% の確率。
0137	The news must be true.	否定	The news can't be true. must 違いない ↔ can't はずがない（可能性がない）
0138	あなたは彼に話し かけない方がよい。	英語	You had better not speak to him. had better で大きな助動詞なので、否定はその後ろに not 原形。had better はきつい警告。speak, talk は基本自動詞なので（言語が来るときは例外）後ろに目的語は取らない。
0139	each other	意味 正確に 書き換え	お互い（名詞）= one another お互いに（副詞）ではなく名詞。 ×They talked each other. 自動詞の後に名詞は来ない。 ○ They talked with each other. each other は2人で、one another は3人以上でと言われるが、正しくは人数による違いはない。

Level1	単語・熟語 & Questions		Answers & Key Points
0140	現在完了	形 意味 3or4	have pp 1 ずっとしている（継続） 2 したことがある（経験） 3 してしまっている（結果） 4 ちょうどしたところである（完了） 「る」で終わるのがポイント
0141	どのくらい長く彼は 病気で寝ていますか。	英語	How long has he been sick in bed? He is sick in bed. がもとの形。ill も使える。
0142	「2カ月です」 「それはお気の毒に」	英語 141後 の会話	"(For) two months." "That's too bad." That's too bad. 「それは悪すぎる＝お気の毒に」の代わりに I'm sorry to hear that. 「それを聞いて残念です」なども可。
0143	He died ten years ago.	書き換え 3or4	1 He has been dead for ten years. 2 Ten years have passed since he died. 3 It is(/has been) ten years since he 4 died. since[síns]《スィンス》 ～以来、～なので、そのときから
0144	A car stopped (　)(　)(　) my house. = before	空補	in front of ～の正面に front [frʌ́nt] フラント 前部
0145	何を探している のですか。	英語 1or2	What are you looking(/searching) for? 「求めて」の for は前置詞なので後ろは名詞 （ここでは what） search [səːrtʃ] サーチ 探す

	単語・熟語 & Questions		Answers & Key Points
0146	clean [klíːn] クリーン	意味 反対	きれいだ ↔ dirty [də́ːrti] ダーティ 汚い
0147	clear [klíər] クリア	意味 3	1 澄んだ 2 明らかな 3 取り除く
0148	妻 ↔ 夫	英語 複数 スペ 夫	wife [wáif] ウアイフ＜wives [wáivz] ウアイヴズ ↔ husband [hʌ́zbənd] ハズバンド スペ フズバンド
0149	息子 ↔ 娘	英語 スペ 娘	son [sʌ́n] サン sun「太陽」と同音。 ↔ daughter [dɔ́ːtər] ドーター スペ タユジーエイチテル
0150	He is [ ] eighteen. = older than	英語 2語と1語	more than = over 「〜以上」と訳すことが多いが、英語では その数字を含まない。
0151	He is [ ] eighteen. = younger than	書き換え 2語と1語	less than = under 「〜以下」と訳すことが多いが、 厳密には「〜未満」
0152	ここから駅まで	英語	from here to the train station from A to B は場所にも時間にも使える。 from morning to(/till/until) midnight 「朝から真夜中（24時）まで」
0153	一種のギター	英語 1〜3 アク スペ	a kind(/sort/type) of guitar 種類を表す語のあとは裸名詞になる guitar[gitáːr] ギター　スペ グイタアル
0154	友達には2種類ある。	英語	There are two kinds of friend[s]. 「種類」が複数のときは単数でも複数でもよい。

No.	単語・熟語 & Questions		Answers & Key Points
0155	一切れのケーキ	英語 スペ 一切れ	**a piece of cake** piece スペ [pi:aii:si:i:] 「朝飯前、楽勝なもの」の意味もある。 a piece of+不可算名詞 a cake（可算）は切り分けてない全体。
0156	平和 ↔ 戦争	英語	**peace** [pí:s] ピース piece と同音 ↔ **war** [wɔ:*r*] ウォー wore と同音
0157	2本のチョーク	英語 1or2	**two pieces(/sticks) of chalk** chalk は形が変わっても使えるので不可算名詞
0158	3枚の紙	英語 1or2	**three sheets(/pieces) of paper** paper は形が変わっても使えるので不可算名詞。 sheet はレポート用紙など形が決まっているもの、 piece は形に関係ない「紙切れ」。
0159	We should start [ ]. ただちに	英語 2～4	1 **at once** 1つの点で＝同時に 2 **immediately** [imí:diətli] イミーディアトリイ im[なし] media[メディア＝中間物] ly[で] 3 4 **right away(/off)** まさにすぐ soon よりも時間が短い
0160	そのときに	英語 2	1 **then** 2 **at that time** then は「そのとき、それから、そうすると (= in that case)」という副詞
0161	than [ðən,ən] ゼン、アン	意味 品詞	**～より 接続詞** I'm taller than Bob (is). のように後ろに SV を取るので従位接続詞。 than him は本来は間違いだが、現在は認め られており、その場合は前置詞の解釈になる。
0162	比較で more, most を使う語	定義	**3音節以上と2音節の一部の語** (ful, ous, less, ing, 副詞の ly などで終わる語)。 音節とは母音を中心としたまとまりで辞書では ・で区切られる。例）in・ter・est・ing 4音節

単語・熟語 & Questions		Answers & Key Points
0163 This book is [ ] than that. もっと難しい	英語 2	1 harder 2 more difficult difficult [dífiklt] ディフィコウト 難しい
0164 あなたの本は 私のとは 違う。	英語	Your book is different from mine. different [dífrənt] ディフルント 違っている
0165 私は彼が死んで いるのを見つけた。	英語 4語	I found him dead. find > found [fáund] ファウンド > found この文はSVOCで「OがC」の関係がある。 第3文型で言うと、I found that he was dead. と同意だが、この場合は間接的に知った意味にもなる。
0166 I like to cook very much.	書き換え amを 使って	I am very fond of cooking. fond [fɑ́nd] ファンド 大好きである 形容詞なので（×）She is beautiful very much. と同様（×）I am fond of cooking very much. とは言わない。 前置詞の後は動名詞にする。
0167 He [ ] the train. 逃した、遅れた	英語 2	1 missed 2 was late for be late for ～に遅れる coudn' t catch とも言える。
0168 He [ ] the train. 間に合った	英語 2 スペ	1 caught 2 was in time for catch > caught [kɔ́ːt] コート > caught スペ カユジーエイチティ
0169 1（着る）コート 2（テニスの）コート	英語 発音	1 coat [kóut] コウト（着る）コート 2 court [kɔ́ːrt] コート 中庭、法廷
0170 [ou] と [ɔː] の区別	定義	[ou] オウ：o で始まる（oa, ow, oe, ou） [ɔː] オー： 1 a で始まる（al, au, aw, ar） 2 後ろに r がある（or, oar） 3 broad 型（abroad, broaden など） 4 過去、過去分詞の ough, augh

No.	単語・熟語 & Questions		Answers & Key Points
0171	広い	英語 2 名詞 2	① broad [brɔ́ːd] ブロード （例外的に oa でも幅広くオーと伸ばす） 名 breadth [brédθ] ブレドす 幅 ② wide [wáid] ワイド 名 width [wídθ] ウイドす 幅
0172	This street is wide.	反対	↔ This street is narrow. narrow [nǽrou] ナロウ 狭い wide, broad, narrow は細長いものに使う。 cf. narrow-minded 度量（了見）の狭い
0173	Our garden is (　　). 広い	空補	large big も可。細長い庭なら wide も可。
0174	My room is (　　). 狭い	空補	small 細長いなら narrow も可。
0175	私は海外に行ったことがない。	英語	I have never been abroad. abroad [əbrɔ́ːd] アブロード 海外に、へ、で（副） a は to の働きで「広いところへ」の意味なので to をつけない。
0176	放送する	英語 活用	broadcast [brɔ́ːdkæ̀st] ブロードキャスト 放送（する） > broadcast > broadcast （broad [幅広く] cast [投げる] 意味）
0177	This desk is (　　)(　　)(　　).　木でできている	空補	made of wood 見て材料がわかるときは of。 wood [wúd] ウッド（would と同音）木材
0178	Butter is (　　)(　　)(　　).　牛乳でできている	空補	made from milk 見て原料がわからないときは from。 これらは「左←右」の向き。

No.	単語・熟語 & Questions		Answers & Key Points
0179	Trees (　)(　)(　) paper. 紙に加工される	空補	**are made into** 「左→右」の向きのときは、「～の中へと作り変えられる」で into。
0180	私は Tom と Bob の間に座っていた。	英語	**I was sitting between Tom and Bob.** between [bitwíːn] ビトゥィーン（2つの）間に （twin「双子」が入っているので2つの物の間）
0181	There was a cottage (　) the trees. 間に	空補	**among** [əmʌ́ŋ] アマング（3つ以上）の間に 「木々の間に小さな家があった」 cottage [kɑ́tidʒ] カティッヂ 田舎家、小別荘
0182	私が New York に滞在していた間	英語 2	① **during my stay in New York** during [dəːriŋ] ダーリング（特定の）間に 前置詞なので後ろは名詞。動名詞は取らない。 ② **while I was staying in New York** while [*h*wáil] フワイウ 接続詞なので後ろは SV。
0183	3年間	英語	**for three years**　for は不特定の期間。 cf. during the three years
0184	(　)(　)(　)(　)(　) lucky. あなたと私の両方ともラッキーだった。	空補	**Both you and I were** both [bóuθ] ボウす 両方（の） you and x, x and I の語順。相手は立てて先に、自分はへり下って後ろに置く。主語は複数扱い。
0185	(　)(　)(　)(　)(　) right. あなたか私のどちらか一方が正しい。	空補	**Either you or I am(/are)** either [íːðər/áiðər]《イーざー / アイざー》 いずれか一方（の） 近年は主語を複数扱いする人もいるが、正式には動詞は近い方の主語に一致させる。
0186	I'm (　)(　), (　). 私も行きません。 （相手に近づく）	空補	**not coming, either** 否定の「も」は (not ~) either。 go は相手と離れるとき。 発音しない e は取って ing。

No.	単語・熟語 & Questions		Answers & Key Points
0187	( ) you ( ) he ( ) bad. どちらも悪くない	空補	**Neither, nor, is(/are)** neither [ní:ðər/náiðər] ニーざー／ナイざー nor [nɔ:] ノー　either A or B の両否定
0188	She always ( ) ( ) ( ). ベストを尽くす	空補 1or2	**does(/tries) her best** try one's best は努力に焦点があり、必ずしも結果が伴っているとは限らない。
0189	Nancy ( ) ( ) ( ) the babies. 世話をした	空補	**took care of** 受動では The babies were taken care of by Nancy. になる。
0190	The babies ( ) ( ) ( ) ( ) Nancy. 世話をされた	空補	**were looked after by** take care of = look after ～の世話をする。 能動は Nancy looked after the babies.
0191	"How wonderful!" he ( ) ( ) ( ). 独り言をいった	空補	**said to himself** 「自分自身に言った」「思った」と訳してもよい。 say は後ろに直接人を取らない。 例）×He said me hello.
0192	visit = ( ) ( ) 人 ( ) ( ) 場所	空補	**call on 人、call at 場所** 自動詞の call に「ちょっと訪れる」の意味がある。 例）I called on my uncle. I called at my uncle's (house).
0193	**invite** [inváit] インヴァイト	意味 名詞	**招待する** 名 **invitation** [invitéiʃən] インヴィテイシャン 招待
0194	I ( ) him ( ) ( ) me to the party. 招待してくれたことに対して感謝した	空補	**thanked, for inviting** ～のことに対して（叱る、非難する、謝る）などでは for doing にする。 thank 人 for ～ ing で覚える。

No.	単語・熟語 & Questions		Answers & Key Points
0195	朝食を食べましたか。	英語	Did you have(/eat) breakfast? breakfast [brékfəst] ブレクファスト　a をつけない
0196	私は早めの夕食を取った。	英語 夕食を 2	I had (/ate) an early supper (/dinner).　supper [sʌ́pər] サパー（軽い）夕食 breakfast, lunch, supper, dinner は、 単独では不可算、形容詞がつくと可算
0197	collect [kəlékt] カレクト	意味 名詞	集める 名 collection [kəlékʃən] カレクシャン 収集
0198	correct [kərékt] カレクト	意味 名詞	正しい、正す 名 correction [kərékʃən] カレクシャン 訂正、添削
0199	His answer was (　　). 間違っていた	空補 1or2	1 wrong [rɔ́ːŋ] ローング 誤っている、悪い 2 incorrect [ìnkərékt] インカレクト 間違った
0200	matter [mǽtər] マター	意味 3	1 物質　2 問題　3 問題となる cf. dark matter　暗黒物質、ダークマター
0201	この車はどこかおかしい。	英語 2～4	1 Something is wrong(/the matter) with this car. この車に関して何かが間違っている（問題だ）。 2 There is something wrong (/the matter) with this car. この車に関して間違っている（問題である）何かがある。with は関連 → 0447
0202	どうしたの？	英語 2	What's wrong(/the matter)? What's wrong(/the matter) with you? と「あなたに関して」をつけると、「おいおい、いつもとちがっていったいどうしたんだ」の感じ。

No.	単語・熟語 & Questions		Answers & Key Points
0203	天気はどうですか。	英語 2	1 How is the weather?（どう） 2 What is the weather like?（何のよう）
0204	I don't know [ ] tonight. 彼が来るかどうか	英語 6語	whether he will come or not / whether or not he will come whether [*h*wéðər] ウエざー（weather と同音） 名詞節「～かどうかということ」 if も可だが if or not は言わない。
0205	[ ] tonight, we'll have a party. 彼が来ようが来まいが	英語 5語	whether he comes or not / whether or not he comes 副詞節「～であろうがなかろうが」では時・条件の副詞節と同様、未来でも will を使わない。
0206	It [ ] he will come or not tonight. ～かどうかは問題ではない	英語 3語	doesn't matter whether(/if) It は仮主語で whether 以下の真主語を受ける。 名詞節中なので will は必要。
0207	if [if] イフ	意味 3	1 もし　2 かどうか　3 だとしても 1 もし～なら（副詞節） 2 ～かどうかということ（名詞節）= whether 3 たとえ～だとしても（副詞節）= even if
0208	throw [θróu] すロウ	意味 活用	投げる > threw [θrúː] すルー（× すリュー） > thrown [θróun] すロウン
0209	through	意味 正確に 発音	通り抜けて（× 通り抜ける） [θrúː] すルー　threw と同音 go through で「通り抜ける、経験する」
0210	( )( )( )( ), he is a good teacher. 彼は若いが	空補 従位接続詞で	Though(/Although) he is young though [ðóu] ぞウ ～だが（副詞にもなる） although [ɔːlðóu] オールぞウ ～だが（副詞は不可） = He is young, but（等位接続詞）

単語・熟語 & Questions		Answers & Key Points
0211 teach [tíːtʃ] ティーチ	意味 活用 スペ	教える > taught [tɔ́ːt] トート > taught スペ タユジーエイチティ
0212 think [θíŋk] スィンク	意味 活用 スペ	考える、思う > thought [θɔ́ːt] ソート > thought スペ ティーエイチオーユージーエイチティ → thought thought は名詞で「思考」の意味もある。
0213 thing [θíŋ] スィング	意味 複数形の意味	① もの、こと ② things 事態
0214 意見	英語	opinion [əpínjən] アピニャン
0215 たまねぎ	英語 発音	onion [ʌ́njən] アニャン
0216 battle [bǽtl] ベァロウ	意味	戦い
0217 びん	英語	bottle [bátl] バロウ
0218 top [táp] タップ ↔ bottom [bátəm] バタム	意味 反対	頂上、こま ↔ 底、尻
0219 Stay here [ ]. 彼女が戻るまで	英語	until(/till) she comes back(/returns) until [əntíl] アンティウ ～までずっと（継続） スペ ×untill 前置詞＋名詞と接続詞 +SV が可。 return [ritə́ːrn] リターン 戻る、戻す
0220 Finish it [ ]. 彼女が去るまでに	英語	by the time she leaves by ～までには（期限） 前置詞なので後ろは名詞のみ可。SV を取りたいときには the time という名詞をはさむ。 時を表す副詞節扱いなので will は使わない。

No.	単語・熟語 & Questions		Answers & Key Points
0221	重い ＜ 重さ	英語	heavy [hévi] ヘビー ＜ weight [wéit] ウエイト wait と同音
0222	体重はいくらですか。	英語 2	1 How much do you weigh? 2 What is your weight? weigh [wéi] ウエイ (way と同音) 重さがある
0223	high [hái] ハイ	名詞 スペ 反対	height [háit] ハイト 高さ ヘイジーエイチティ low [lóu] ロウ 低い
0224	法律 > 法律家、弁護士	英語	law [lɔ́:] ロー > layer [lɔ́:jər] ローヤ
0225	puzzle [pʌ́zl] パヅゥ > puzzling	意味 2 意味	1 難問 2 当惑させる > 人を困惑させるような
0226	quiz [kwíz] クウィズ	意味 複数	小テスト quizzes
0227	解く	英語 名詞	solve [sálv] サルヴ 名 solution [səlú:ʃən] サルーシュン 解決
0228	Have you ( ) the ( ) ( )? その問題はもう解決したのですか。	空補	solved, problem yet problem [prábləm] プラブラム 問題 yet [jét] ユイエット もう（疑問） answer the problem とか solve the question の組み合わせはない。
0229	I'm not ( ) ( ) the interview ( ). まだ面接の準備ができていません。	空補	ready for, yet まだ（否定） ready [rédi] レディ 準備ができている interview [íntərvjù:] イナヴュー 面接（する）

単語・熟語 & Questions		Answers & Key Points
0230 He ( ) he's ( ) ( ) hello to her. 彼はすでに彼女にあいさつをしたと言っている。	空補	says [séz] セズ（セイズにしないこと） already [ɔːlrédi] オールレディ もうすでに（肯定） said [séd] セド（セイドにしないこと）
0231 同じ自転車	英語 3語 スペ 自転車	the same bicycle same [séim] セイム 同じ（必ず the をつける） bicycle [báisəkl] バイサコウ 自転車 スペ ブアイスィーワイクレ
0232 fat [fǽt] ファット ↔ ( ) ↔ ( )	意味 反対 反対	太っている、脂肪 ↔ thin [θín] スィン やせている、薄い ↔ thick [θík] スィック 厚い
0233 It's (g) ( ). 暗くなってきている。	空補 1or2	It's getting(/growing) dark. この grow に成長の意味はなく become と同意。
0234 彼は黄色いカサを持ち運ぶ。	英語 スペ カサ	He carries a yellow umbrella. carry [kǽri] キャリー 運ぶ yellow [jélow] ユイエロウ 黄色の umbrella [ʌmbrélə] アンブレラ かさ スペ ウムブレルラ
0235 spring [spríŋ] スプリング	意味 4 活用	1 春　2 泉　3 ばね　4 跳ねる > sprang > sprung
0236 The ( ) checked in ( ) ( ) ( ). その旅行客はホテルにチェックインした。	空補	tourist [túərist] トゥアリスト at a(/the) hotel [houtél] ホウテル cf. check out of ～からチェックアウトする
0237 自然	英語 形容詞	nature [néitʃər] ネイチャー 自然、性質 形 natural [nǽtʃərl] ナチャロウ 自然の、当然の、生まれつきの

Level1	単語・熟語 & Questions		Answers & Key Points
0238	国家	英語 形容詞	nation [néiʃn] ネイシュン 国家、国民 形 national [nǽʃnl] ナシュノウ 国家の、国民の cf. international [ìntərnǽʃnl] イナナシュノウ 国家間の
0239	押す	英語 反対	push [púʃ] プッシュ ↔ pull [púl] ポウ 引く　cf. put [pút] プット 置く
0240	poor [púər] プア	意味 2 名詞	1 貧しい　2 かわいそうな 名 poverty [pɑ́vərti] パヴァティ 貧困
0241	富	英語 形容詞	wealth [wélθ] ウエルす 富（well であること） 形 wealthy [wélθi] ウエルスすぃ 裕福な (= rich)
0242	健康	英語 形容詞	health [hélθ] ヘルす 健康（heal されていること） 形 healthy [hélθi] ヘルスすぃ 健康な、健康によい
0243	看護師	英語 スペ	nurse [nə́ːrs] ナース　スペ ヌユルセ cf. nursing home 老人ホーム
0244	(　) a doctor 医者に診てもらう	空補 2 活用	see [síː]《スィー》 > saw [sɔ́ː]《ソー》 > seen [síːn]《スィーン》 consult [kənsʌ́lt] カンサルト 相談する
0245	land [lǽnd] レァンド	意味 2 反対	1 陸地、土地 ↔ sea [síː] 海 2 着陸する ↔ take off 離陸する、脱ぐ
0246	He (　)(　)(　). それを脱いだ	空補	took it off 他動詞＋副詞の熟語では代名詞は間にはさむ
0247	He (　) a (　)(　). 1日オフを取った	空補	took a day off　a day off で任意の休日。 公休日は holiday [hɑ́lədèi] ハラデイ
0248	(　)(　)(　)(　). シャツを着なさい。	空補	Put your shirt on / Put on your shirt 代名詞以外の目的語は後ろでもよい

単語・熟語 & Questions		Answers & Key Points
0249 wear [wέər] ウエア	意味 活用	着ている（状態）put on は動作 > wore (war と同音) > worn
0250 She is (　)(　)(　). 台所にいる	空補 スペ	in the kitchen [kítʃən] キチャン キットチェン
0251 にわとり	英語 スペ	chicken [tʃíkən] チクン　臆病者にも使う チックケン
0252 I (　)(　)(　)(　) (　) the room. 部屋の掃除に 30 分費やした。	空補	spent half an hour cleaning spend [spénd] 時間やお金を費やす > spent > spent spend お金 on 物、spend 時間 (in) -ing と覚えるとよい。in は通常省略。
0253 パン	英語 同音	bread [bréd] ブレッド　　cf. roll 食パン以外 bred（breed [bríːd] ブリード 産む の過去［分詞］形）と同音
0254 ring [ríŋ] リング	意味 2or3 活用	1 輪　2 鳴らす　3 電話する > rang > rung
0255 bring [bríŋ] ブリング	意味 活用 反対 活用	持ってくる、連れてくる > brought [brɔ́ːt] ブロート > brought ブロウジーエイチティ ↔ take 持っていく、連れて行く、取る > took [túk] トゥック > taken [téikn] テイクン
0256 まっすぐな髪の毛	英語 スペ	straight hair straight [stréit] ストレイト まっすぐな、まっすぐに ストライジーエイチティ hair [héər] ヘア（髪の）毛 ハイル　1 本は可算、全体は不可算

No.	単語・熟語 & Questions		Answers & Key Points
0257	口	英語 複数	mouth [máuθ] マウす <mouths [máuðz] マウズ
0258	ハツカネズミ	英語 複数	mouse [máus] マウス <mice [máis] マイス cf. rat [rǽt] ラット ドブネズミ
0259	彼女は毎日教会へ行く。	英語 1or2	She goes to church every day(/daily). 副詞の every day は 2語。daily [déili] デイリー
0260	(　)(　) is important. 毎日の運動	空補 2	Everyday(/Daily) exercise exercise [éksəsàiz] エクササイズ 体操（する)、行使 形容詞の everyday は 1 語。
0261	彼女は日記をつけている。	英語	She keeps a diary. diary [dáiəri] ダイアリィ
0262	ラケット	英語 スペ	racket [rǽkət] ラカット スペ ラクケット
0263	Japan is (　)(　) country. 島国	空補 スペ	an island island [áilənd] アイランド 島 スペ イスランド
0264	アルバム	英語 スペ	album [ǽlbəm] エアルバム スペ アルブム
0265	カレンダー	英語 スペ	calendar [kǽləndər] キャランダー スペ カレンダアル
0266	make (a) (　) 音をたてる	空補 形容詞	noise [nɔ́iz] ノイズ 騒音 形 noisy [nɔ́izi] ノイズィ 騒がしい、うるさい

No.	単語・熟語 & Questions		Answers & Key Points
0267	砂の城	英語 スペ 城	**sand castle** sand [sǽnd] セァンド 砂 castle [kǽsl] キャソウ 城　スペ キャストゥレ
0268	その音楽家はバイオリンを弾いていた。	英語 アク	**The musician was playing the violin.** musician [mjuːzíʃən] ミューズィシャン violin [vàiəlín] ヴァイアリン
0269	劇場	英語	**theater** [θíːətər] スィーアらー movie theater, cinema [sínəmə] スィナマ 映画館
0270	even [íːvn] イーヴン	意味 2or3	1 ～さえ　2 さらに　3 平らな
0271	(　)(　)(　)(　) Mt. Fuji? 富士山に登ったことがありますか。	空補 スペ 登る	**Have you ever climbed** climb [kláim] クライム 登る　スペ クリンブ ever [évər] エヴァ 今までで一度でいいから いつでもいいから
0272	I've ever seen a monkey show.	訂正 発音 サル	**I've seen a monkey show before.** ever は肯定平叙文では通常使わない。 monkey [mʌ́ŋki] マンキー サル
0273	have been to	意味 2	1 ～に行った（来た）ことがある（経験） cf. have gone to 行ってしまっている（結果） 2 ～に行って来たところである（往復完了）
0274	何回そのお祭りに行ったことがありますか。	英語	**How many times have you been to that festival?** festival [féstəvl] フェスタヴォウ 祭り 回数を聞くときに ever は使わない。
0275	once [wʌ́ns] ワンス	意味 2 or3	1 一度（動詞の後ろで）cf. twice [twáis] トゥワイス 2度 2 かつて（動詞の前で） 3 いったん～すると（接続詞）＝ if once

No.	単語・熟語 & Questions		Answers & Key Points
0276	永遠に	英語	**forever** [fərévər] ファレヴァ for ever も可（for [間も] ever [どんな時の]）
0277	**grow** [gróu] グロウ	意味 活用 名詞	育つ、（野菜を）育てる、～になる > **grew** [grúː] グルー × グリュー > **grown** [gróun] グロウン 名 **growth** [gróuθ] グロウす 成長
0278	緑の草がそこに生えている。	英語	**Green grass grows there.** grass [grǽs] グレァス 草、芝
0279	**wet** [wét] ウエット	意味 反対	濡れた、湿った ↔ **dry** [drái] ドゥライ 乾いた、乾かす
0280	雲	英語 形容詞	**cloud** [kláud] クラウド 形 **cloudy** [kláudi] クラウディ 曇っている
0281	ビーチは家族連れで混雑していた。	英語	**The beach was crowded with families.** crowd [kráud] クラウド 人混み、観衆、群がる
0282	I'm (　) the (　) (　). 中2です。	空補	**in the eighth grade** eighth [éitθ/éiθ] エイトゥす 第8番目の grade [gréid] グレイド 学年、等級
0283	徐々に	英語	**gradually** [grǽdʒuəli] グラヂュアリィ
0284	(　) (　) high school 卒業する	空補 名詞	**graduate from** graduate[grǽdʒuèit] グラヂュエイト 卒業する 小・中・高では finish, leave も自然。 名 **graduation** [grӕ̀dʒuéiʃn] 卒業 グラヂュエイシュン

単語・熟語 & Questions			Answers & Key Points
0285	紫	英語	purple [pə́:rpl] パーポウ cf. violet [váiələt] ヴァイアラット スミレ（色）
0286	雑誌	英語	magazine [mǽgəzì:n/mæ̀gəzí:n] マガズィーン
0287	doll [dɑ́l] ダウ	意味	人形　cf. play dolls 人形遊びをする play house ままごとをする play doctor お医者さんごっこをする play catch キャッチボールをする
0288	work (　) the (　) （雇われて）農場で働く	空補	on the farm farm [fɑ́:rm] ファーム 農場 cf. farmer [fɑ́:rmər]《ファーマー》 農場経営者（雇い主）
0289	ドアをノックする	英語	knock on(/at) the door knock [nɑ́k] ナック
0290	stamp [stǽmp] ステァンプ	意味 1or2	1 切手 2 踏みつける
0291	drive [dráiv] ドライヴ	意味 2 活用	1 運転する 2 駆り立てる > drove [dróuv] ドロウヴ > driven [drívn] ドリヴン
0292	hungry : food = (　) : water	空補 名詞	thirsty [θə́:rsti] サースティ のどが渇いている 名 thirst [θə́:rst] サースト のどの渇き
0293	1 飢え　2 ハンガー	英語 発音	1 hunger [hʌ́ŋgər] ハンガー 2 hanger [hǽŋər] ヘアンガ゜ー（鼻濁音）

No.	単語・熟語 & Questions		Answers & Key Points
0294	ガー [ŋgər] と カ゜ー [ŋər] の違い	定義	ガー [ŋgər]（学校のガ）語中、形容詞＋er finger [fíŋgər] フィンガー 指 , longer [lɔ́ŋgər] ガ゚ー [ŋər]（女学校のガ）動詞＋er singer [siŋər] 歌手 , ringer [riŋər] 鳴らす人
0295	庭	英語 2	1 garden [gɑ́:rdn] ガードゥン 花や野菜が植えられる庭園 2 yard [jɑ́:rd] ヤード 開放的空間
0296	**slowly** [slóuli] スロウリィ	意味 反対	ゆっくりと ↔ quickly [kwíkli]《クウィックリィ》 すばやく、急いで
0297	たとえば	英語 1or2	1 for example [igzǽmpl]《イグザンポウ》 例（一般的） 2 for instance [ínstəns]《インスタンス》 例（フォーマル）
0298	詩 > 詩人	英語	>poem [póuəm] ポウアム (1篇の) 詩 >poet [póuət] ポウアト 詩人 cf. poetry [póuətri] ポウアトリィ 詩（集合的） ry がつくと不可算名詞
0299	クリスマス	英語 スペ	Christmas [krísməs] クリスマス スペ クリストマス Xmas ではアポストロフィをつけない。 クリスマスはキリストのミサの意味。 キリストの誕生を祝う日だが誕生日ではない。
0300	イエス・キリスト	英語	Jesus Chirst [dʒí:zəs kráist]《ジーザス クライスト》

Level 2

No.0301 ～No.0600

単語・熟語 & Questions		Answers & Key Points
0301 love [lʌ́v] ラヴ	意味 反対	愛する、愛、恋人 ↔ hate [héit] ヘイト 憎む、憎しみ
0302 like [láik] ライク	意味 2 反対 2	① 動 好き ↔ dislike [disláik] ディスライク 嫌い ② 前 ～のように（な、だ） ↔ unlike [ʌnláik] 似ていない
0303 He (　)(　)(　)(　). 成功しそうだ	空補 書き換え	is likely to succeed likely [láikli] ライクリィ しそうである（形容詞） =It is likely that he will succeed.
0304 succeed [səksíːd] サクスィード	意味 2 名詞 2 形容詞 2	① 成功する (in doing) 名 success [səksés] サクセス 成功 形 successful [səksésfl] サクセスフォウ 成功した ② あとを継ぐ (to 名) 名 succession [səkséʃn] サクセシュン 連続 形 successive [səksésiv] サクセスィヴ 連続した
0305 失敗する	英語 名詞	fail [féil] フェイル 名 failure [féiljər] フェイリャ 失敗
0306 He succeeded to pass the exam.	訂正	to pass → in passing succeed は後ろに不定詞を取らない
0307 確かに (c　) >たぶん (p　) > likely >(m　) > (p　) > (p　) ひょっとすると	空補	certainly [sə́ːrtnli] サートゥンリィ > probably [prɑ́bəbli/prɑ́bli] プラバブリィ/プラブリィ > likely（この likely は副詞） > maybe [méibi]《メイビィ》 > perhaps [pərhǽps]《パハプス》 > possibly [pɑ́səbli] パサブリィ
0308 弱い ↔ 強い	英語 名詞	weak [wíːk] ウィーク（week と同音） 名 weakness [wíːknəs] ウィークナス 弱点 ↔ strong [strɔ́ŋ] ストロング 名 strength [stréŋkθ] ストレンクす 強さ、力

No.	単語・熟語 & Questions		Answers & Key Points
0309	若い	英語 名詞	young [jʌ́ŋ] ヤング 名 youth [júːθ] ユーす 若さ、青春時代
0310	We (　)(　)(　)(　) rain here. たくさんの雨がふる	空補	have a lot of この a lot of は名詞にかかる形容詞。 a lot of = lots of = many, much だが much は肯定平叙文では使わない。
0311	It (　)(　)(　) here. たくさん雨が降る	空補	rains a lot この a lot は動詞にかかる副詞。 「たくさんの」と「の」があるときは of をつける。
0312	アクセントルールを 3 つ	定義	1 ee, oo はそこにアクセント ［双子の法則］ 2 ian, ity, tion はその 1 つ前にアクセント ［イヤ～ン、イテ～でションの法則］ 3 ate はその 2 人前のお母さんの音にアクセント ［2 人前食ったの法則］
0313	career	意味 アク	経歴 [kəríər] カリア ［双子］
0314	bamboo	意味 アク	竹 [bæmbúː] バンブー ［双子］
0315	技師 > 工学	英語 アク	engineer [èndʒəníər] エンヂャニア ［双子］ （エンジンをいじる人） > engineering [èndʒəníəriŋ] エンヂャニアリング ［双子］
0316	政治家	英語 2	1 politician [pɑ̀lətíʃən] パラティシャン ［イヤ～ン］ > politics [pɑ́lətiks] パラティクス 政治 2 statesman [stéitsmən] ステイツマン （states ［国家の］ man ［男］）
0317	state [stéit] ステイト	意味 4	1 国　2 州　3 状態　4 はっきり述べる 名 statement [stéitmənt] ステイトマント 発言

単語・熟語 & Questions		Answers & Key Points
0318 **electric** [iléktrik] イレクトリック	意味 名詞 アク	電気の 名 electricity [ilèktrísəti] 電気 イレクトリサティ［イテ〜］
0319 **educate**	アク 意味 名詞 アク	[édʒəkèit] エヂャケイト［２人前食った］ 教育する 名 education [èdʒəkéiʃən] 教育 エヂャケイシャン［ション］
0320 **decorate** [dékərèit] デカレイト	意味 名詞	飾る 名 decoration [dèkəréiʃən] デカレイシャン 装飾
0321 **condition** [kəndíʃən] カンディシャン	意味 2	1 状態、状況 2 条件 形 conditional [kəndíʃənl] 条件付きの カンディシャノウ
0322 **community** [kəmjúːnəti] カミューナティ	意味	地域社会、共同体
0323 **彼らと意思疎通をする**	英語	communicate with them communicate [kəmjúːnikèit] カミュニケイト 伝える 名 communication 意思疎通、通信（機関）(-s) [kəmjùːnikéiʃən] カミューニケイシャン
0324 **鏡**	英語 スペ	mirror [míərər] ミアラ スペ ミルロル
0325 **address** [ədrés] アドレス	意味 3	1 住所　2 演説　3 取り組む (a［へ］dress［= direct まっすぐ向かう］)
0326 **scream** [skríːm] スクリーム	意味	悲鳴をあげる
0327 **stream** [stríːm] ストリーム	意味	小川、流れ cf. mainstream [méinstrìːm] 主流 メインストリーム

	単語・熟語 & Questions		Answers & Key Points
0328	[æ] と [ʌ] の区別	定義	[æ] アとエの中間 a のとき 例）hat, map, apple, catch [ʌ] 短く鋭いア a 以外のとき（o, u, ou, oo） 例）mother, cup, country, blood
0329	**blood**	発音 意味 動詞	[blʌ́d] ブラッド 血 動 **bleed** [blíːd] ブリード 出血する > bled [bléd] ブレッド > bled 形 bloody [blʌ́di] ブラッディ 血まみれの
0330	**flood**	発音 意味	[flʌ́d] フラッド 洪水 oo で [ʌ] になるのは blood と flood の 2 つのみ
0331	ろうそく	英語	**candle** [kǽndl] キャンドゥ（a なので [æ]）
0332	舌、言語	英語 発音 スペ	**tongue** [tʌ́ŋ] タング（a 以外なので [ʌ]） スペ トングエ
0333	私の母語	英語 2	1 **my mother tongue** 2 **my native language** native [néitiv] 出生地の、その土地の人 （単独では侮蔑を含む場合がある）
0334	いとこ	英語 スペ	**cousin** [kʌ́zn] カズン（a 以外なので [ʌ]） スペ コウズィン
0335	歯を磨きなさい。	英語	**Brush your teeth.** brush [brʌ́ʃ] ブラッシュ ブラシ（をかける） cf. brush up やり直す（× 磨き上げる）
0336	**close**	発音 2 意味 2	1 [klóuz] クロウズ 閉まる、閉める 2 [klóus] クロウス 近い、近くに

	単語・熟語 & Questions		Answers & Key Points
0337	The door is (　　). 開いている	空補 反対 2	open [óupn] オウプン 動 開ける、開く 形 開いている ↔ closed/shut(pp)「閉じられた状態である」 shut [ʃʌ́t] シャット > shut > shut
0338	shout [ʃáut] シャウト	意味	叫ぶ
0339	shoot [ʃúːt] シュート	意味 活用	撃つ、芽　> shot [ʃát] > shot 名詞の shot は「発砲、シュート」
0340	[ɑ] と [ɔ] の区別	定義	[ɑ] 口にオレンジを入れるア（米） [ɔ] あごを下に下げたオ（英） wa の a か o のとき 例）wash, watch, stop, bottle
0341	アに聞こえる o の 大まかな区別	定義	[ʌ] カタカナにしてもア 例）money, lovely, come, color [ɑ] カタカナにするとオ 例）orange, holiday, hot, mop　例外も多い
0342	cotton	発音 意味	[kátn] カトゥン（コットンになるので [ɑ]） 綿、綿花
0343	monthly	発音 意味	[mʌ́nθli] マンすリィ（マンスリーのままなので [ʌ]） 月ごとの 名詞＋ly は形容詞　例）motherly 母のような
0344	friendly [fréndli] フレンドリー	意味	親しみのある 名詞＋ly で形容詞
0345	友情、友情関係	英語	friendship [fréndʃip] フレンドシップ
0346	actually [ǽktʃuəli/ǽkʃli] アクチュアリィ / アクシュリィ	意味 形容詞	実際に、実は、ところで 形 actual [ǽktʃuəl] アクチュアル 実際の 形容詞＋ly は副詞

単語・熟語 & Questions		Answers & Key Points
0347 **especially** [ispéʃli] イスペシュリィ	意味	特に
0348 It is (　　) for us to help them. = We need to help them.	空補 名詞	necessary [nésəsèri] ネサセリィ 必要な [名] necessity [nəsésəti] ナセサティ 必要性
0349 必要は発明の母。	英語	Necessity is the mother of invention. invention [invénʃən] インヴェンシュン 発明 [動] invent [invént] 発明する
0350 The rich (　　)(　　)(　　) happy. 必ずしも～ではない	空補 2	are not always(/necessarily) necessarily [nèsəséərəli] ネサセアラリィ 必然的に The rich のあとに people の省略
0351 発見する	英語 名詞	discover [diskʌ́vər] ディスカヴァ [名] discovery [diskʌ́vəri] ディスカヴァリィ 発見
0352 植物	英語	plant [plǽnt] プレァント 植物、植える、工場、施設
0353 皿	英語 3	[1] plate [pléit] プレイト（個人用） [2] dish [díʃ] ディシュ（大皿）、料理の意味もある [3] saucer [sɔ́:sər]《ソーサ》（コーヒーの皿。もとはソース皿）
0354 I can't save him. = I'm (　　) to save him.	空補 名詞	unable [ʌnéibl] アネイボウ（人が）できない [名] inability [inəbíləti]《イナビラティ》 無力、できないこと
0355 I can't save him. を It で始めて	書き換え	It is impossible for me to save him. impossible [impɑ́səbl]《インパサボウ》 不可能な、ありえない ↔ possible [pɑ́səbl] パサボウ 可能な

	単語・熟語 & Questions		Answers & Key Points
0356	He read [ ]. できるだけ多くの本を	英語 2	as many books as possible （可能であるのと同じくらい多くの本） as many books as he could （できたのと同じくらい多くの本）
0357	save [séiv] セイヴ	意味 2or3	① 救う ② 節約する ③ 除いて
0358	Japan is a ( ) country. 日本は治安がいい。	空補 名詞	safe [séif] セイフ 安全な、金庫 名 safety [séifti] セイフティ 安全（装置）
0359	The child is [ ]. その子が危ない。	英語	in danger [déindʒər] デインヂャー 危険 形 dangerous [déindʒərəs] デインヂャラス （他人にとって）危険だ
0360	優しく触れる	英語	touch gently touch [tʌ́tʃ] タッチ 触れる gently [dʒéntli] ヂェントリィ 穏やかに 形 gentle [dʒéntl] ヂェントゥ 育ちがよい、優しい
0361	He ( ) showed me around. わざわざ周りを案内してくれた。	空補 形容詞	kindly [káindli] カインリ 親切に（も） 形 kind [káind] カインド 親切な 名 種類
0362	361 を It で始めて	書き換え	It was kind of him to show me around. 人の性質を表す形容詞が来るときは It ~ of ~ to にする。 him は kind と show の二重主語
0363	361 を He had で始めて	書き換え	He had the kindness to show me around. kindness [káindnəs] カインナス 親切心
0364	十分なお金	英語	enough money / money enough enough [inʌ́f] イナフ 十分な、十分に 名詞修飾は前後から可。他品詞は後置修飾。

単語・熟語 & Questions		Answers & Key Points
0365 361 を enough を使って	書き換え	He was kind enough to show me around. ～ enough to …　…するのに十分～
0366 361 を so を使って 不定詞で	書き換え	He was so kind as to show me around. so ～ as to …　…するほど（そんなに so）～
0367 節の形と働き	定 義	形　：□ SV 働き：（名詞・形容詞・副詞の）１単語
0368 361 を so を使って節で	書き換え	He was so kind that he showed me around. so ～ that … とても～なので…　that が□に相当
0369 so [sóu]	意 味 6	1 とても　2 そんなに　3 も 4 全く　5 そう　6 だから
0370 そうなんですか？	英 語 ３語で	Is that so?
0371 "I study hard.""(　) (　) Bob." ボブもです。	空 補	So does 前に合わせて be, 助動詞 , do(es), did を倒置。
0372 "I can't swim.""(　) (　) Bob." ボブもです。	空 補	Neither(/Nor) can 否定では so は使わない。
0373 "Bob is lazy." "(　) (　)(　)." 全くだ。	空 補	So he is. 倒置はしない。Yes, he is. に近い。
0374 lazy [léizi] レイズィ	意 味	怠惰な、怠けた（すべき仕事をしない）
0375 lead an (　) life 怠惰な生活を送る	空 補 同 音	idle [áidl] アイドゥ（すべき仕事がない） 同 idol 偶像、アイドル

No.	単語・熟語 & Questions		Answers & Key Points
0376	This [　　] the war. この出来事が戦争につながった。	英語	**event led to** event [ivént] イヴェント 出来事、行事 lead [lí:d] 導く、つながる > led [léd] > led
0377	不定詞の形と働き	定義	形　：to do（原形） 働き：（名詞・形容詞・副詞の）１単語
0378	不定詞の副詞的用法 <イニシャル記憶>	定義 5	**もりかけ5**（ファイブ） ① 目的「～するために」 ② 理由「～して、するとは」 ③ 仮定「～するなら」 ④ 結果「～して（その結果）」 ⑤ 形容詞・副詞の修飾「～するのが」
0379	He came here [　　]. サーフィンをするために	英語 2	**(in order) to surf** in order to do は ① 目的用法の強調
0380	order [ɔ́:rdər] オーダー	意味 4	① 順序　② 秩序　③ 注文　④ 命令
0381	The (　)(　) is (　) (　)(　).　その自動販売機は壊れている。	空補	**vending machine** [véndiŋ məʃí:n] （街頭で売る機械）　ヴェンディングマシーン **out of order** （秩序の外＝broken, doesn't work）
0382	(G　)(　)(　) you. はじめまして。 （会えて嬉しいです）	空補	**Glad to meet** glad [glǽd] グラッド 嬉しい meet は初めて、see は２回目以降で使う。 ② 理由、感情の原因、判断の根拠を表す副詞的用法
0383	本当のことを言うと	英語 4語で	**to tell the truth** truth [trú:θ] 真実 ③ 仮定、条件の副詞的用法

No.	単語・熟語 & Questions		Answers & Key Points
0384	真実の	英語 反対	true [trú:] トゥルー ↔ false [fɔ́:ls] フォールス 誤った 名 falsehood [fɔ́:lshud] フォールスフッド 誤り
0385	It's not my (　). それは私のせいじゃない。	空補	fault [fɔ́:lt] フォールト 責任、欠点
0386	科学	英語 形容詞	science [sáiəns] サイアンス 形 scientific [sàiəntífik] サイアンティフィック 科学の、科学的な
0387	He grew up to be a scientist.	意味	彼は成長して科学者になった。 scientist [sáiəntəst] サイアンタスト 科学者 grow up　自 育つ 4 結果の副詞的用法　前から切って訳す。 ＝ He grew up and became a scientist.
0388	He [　　] in a small town.　育てられた	英語 2	1 was brought up　2 was raised bring up 他 ～を育てる raise 上げる → 育て上げる
0389	They get up early. = They are (　)(　).	空補	early risers get up 上に動く → 起き上がる、立つ riser 上がる人 → 起き上がる人
0390	(　)(　)(　). (物を渡して) はい、どうぞ。	空補 2	Here it is.　Here you are(/go). you は「あなたのほしい物」　cf. 0694
0391	この本は読むのが簡単だ。	英語	This book is easy to read (×it). 5 形容詞を修飾する不定詞の第5用法 最初と最後が同じときは最後を言わない。
0392	easily = (　)(　)	空補	with ease (楽さと共に＝楽に) with + 抽象名詞＝副詞 ease [í:z] イーズ 気楽さ、和らげる

Level2	単語・熟語 & Questions		Answers & Key Points
0393	**disease** [dizíːz] ディズィーズ	意味 類義 2	（病名のはっきりした）病気 dis [ない] ease [楽じゃ] 類 **illness, sickness** 病気（の状態）
0394	**その話題は我々が議論するには難しすぎた。** too difficult で	英語	**The topic was too difficult for us to discuss.** 第5用法で最初と最後が同じなので it をつけない。 discuss [diskʌ́s] ディスカス
0395	**394 を so difficult を使って**	書き換え	**The topic was so difficult that we couldn't discuss it.** 「その話題はとても難しかったので我々はそれを議論できなかった。」 that 節は完全文なので it をつける。
0396	**It was difficult for us to discuss the topic.** **= We had (　　)(　　) the topic.**	空補	**difficulty discussing** 「議論することにおいて困難を持った」 difficulty [dífiklti] ディフィコウティ 困難 discussing の前に in の省略
0397	**Let's (　　)(　　) it.** それについて議論しよう。	空補	**talk about** talk は通常自動詞なので前置詞が必要。 discuss は他動詞なので前置詞をつけない。
0398	**パリへ向けて東京を出発する**	英語 2or3	**leave Tokyo for Paris** **= start from Tokyo for Paris** **= set out from Tokyo for Paris** leave は他動詞「～を去る」。 Tokyo がないときは、leave for = start for = set out for「～へ向けて出発する」
0399	**He left [　　] goodby.** さようならも言わずに	英語	**without saying** without [wiðáut] ～なしで　前置詞なので後ろは ing ウィずアウト
0400	(S　)(　)! さようなら。	空補	**So long**

No.	単語・熟語 & Questions		Answers & Key Points
0401	(T　)(　). じゃあね (健康に気をつけて)。	空補	Take care (of yourself をつけるのは病人などに対して)
0402	100 meters (　) sea level 海抜 100m	空補 反対	above [əbʌ́v] アバヴ 〜の上に（真上を含めた広く上方） ↔ below [bilóu] ビロウ 〜より下に
0403	(　) the (　) カーテンの背後に	空補 スペ カーテン	behind the curtain behind [biháind] ビハインド 〜のうしろに curtain [kə́ːrtn] カートゥン カーテン スペクユルタイン
0404	a (　) of milk 1 パックの牛乳	空補	carton [kɑ́ːrtn] カートゥン カートン、紙箱
0405	Please read it (　). 声に出して	空補 反対	aloud [əláud] アラウド ↔ silently [sáiləntli] サイラントリィ 黙って 形 silent [sáilənt] サイラント 沈黙した 名 silence [sáiləns] サイランス 沈黙
0406	They were talking (　). 大声で	空補 反対	loudly [láudli] ラウドリィ ↔ quietly [kwáiətli] クワイアトリィ 静かに 形 副 loud [láud] ラウドうるさい、大声で = loudly
0407	(q　) a (q　) room かなり静かな部屋	空補 発音	quite [kwáit] クワイト まったく、かなり quiet [kwáiət] クワイアト 静かな
0408	He quit drinking.	意味	彼は酒をやめた。 quit [kwít] クウィット やめる > quit > quit
0409	He walked (　) the street. 通りを歩いた	空補 2or3	down（一定方向に焦点。下とは限らない） on（通りに焦点） along [əlɔ́ŋ] アロング (long なもの) に沿って

No.	単語・熟語 & Questions		Answers & Key Points
0410	She lives (　). 一人で	空補	alone [əlóun] アロウン たった一人で (= all one 寂しいとは限らない) cf. lonely [lóunli] ロウンリ 寂しい
0411	410 を 2 語か 3 語の熟語で	書き換え 1or2	1 by herself（自分自身で） 2 on her own（自分自身の［力］で）
0412	You should decide (　)(　). 自分で	空補	for yourself 自分（の力、目）で (= on your own)、自分のために
0413	lose [lú:z] ルーズ	意味 反対 名詞	失う　> lost > lost ↔ gain [géin] ゲイン 得る、利益 名 loss [lá:s] ラース　喪失、損失
0414	loose	発音 意味 反対	[lú:s] ルース ゆるい ↔ tight [táit] タイト きつい
0415	way	意味 3～5	1 道　2 方法　3（表現の）形 4 点　5 はるかに
0416	She was (　) for three days. 遠くに	空補	away [əwéi] アウェイ 離れて、不在で ちょっとの外出は out
0417	He [　　]. 迷子になった	英語 2	1 lost his way 2 got(/was) lost
0418	それらを片付けなさい。	英語 3 語で	Put them away.
0419	(　)(　) the park 公園の向かい側に	空補	across from across [əkrɔ́s] アクロス 横切って cf. cross [krɔ́s] クロス 十字架、横切る

No.	単語・熟語 & Questions		Answers & Key Points
0420	( ) the ( ) table 丸テーブルの周りに	空補	around the round around [əráund] アラウンド 周囲に、まわって round [ráund] ラウンド 丸い、まわって (= around)
0421	**about** [əbáut] アバウト	意味 2or3	1 ～について 2 およそ 3 まわりに 2 3 = around
0422	That's ( ) the law. それは法律に反している。	空補	against [əgénst] アゲンスト 逆らって
0423	( ) a ( ) 賞を取る	空補 活用	win a prize [práiz] プライズ 賞 cf. win first place1 位になる win[wín]《ウイン》 > won [wʌ́n]《ウアン》 (one と同音) > won
0424	**toward** [tɔ́ːrd/təwɔ́ːrd] トード / トゥウォード	意味	～の方へ（to [へ到達する] ward [方へ]） to と違って到達点を含まない
0425	**forward** [fɔ́ːrwərd] フォーワード	意味 反対	前へ（for [前の] ward [方へ]） ↔ backward [bǽkwərd] 後ろへ
0426	I'm ( ) ( ) ( ) ( ) you again. 会うのを楽しみにしている	空補	looking forward to seeing (会うことに対してカレンダーの前を見ている) to は前置詞なので後ろは動名詞
0427	[ ] the airport 空港に着く	英語 3	arrive [əráiv] アライヴ at（広い場所では in） get to（get [動く] to [～まで]） reach [ríːtʃ] リーチ 他 に着く 自 手を伸ばす
0428	(人が) ～するのに (時間が) ・・・かかる	英語	It takes (人) 時間 to ～ . 人は省略可。 It for to や人を主語にするのも可。
0429	我々がそこに着くのに 1 時間半かかった。(get で)	英語 1or2	1 It took us an(/one) hour and a half to get there. 2 It took one and a half hours for us to get there.

No.	単語・熟語 & Questions		Answers & Key Points
0430	（人が）～するのに （お金が）・・・かかる	英語	It costs（人）お金 to ～．　人は省略可。 cost [kɔ́st] コスト 費用（がかかる）> cost > cost
0431	野球のスタジアムを建てるのにどのくらい費用がかかりますか。	英語	How much does it cost to build a baseball stadium? stadium [stéidiəm] ステイディアム
0432	coast [kóust] コウスト	意味	（大洋に面した）海岸、滑降する cf. roller coaster ジェットコースター
0433	take an（　）（　） 入学試験を受ける	空補	entrance exam(ination) entrance [éntrəns] エントランス 入口、入場 examination [igzæ̀mənéiʃən]《イグザマネイシャン》 試験
0434	go into the room	書き換え	enter the room enter [éntər] エンター ～に入る （enter 自体が into なので基本他動詞）
0435	believe [bilíːv] ビリーヴ	意味 名詞	信じる 名 belief [bilíːf] ビリーフ 信じること、信仰
0436	1 believe him と 2 believe in him の違い	定義	1 彼の言うことを信じる 2 彼の人柄、存在を信じる
0437	A I の A は何の略か	英語	artificial [ɑ̀ːrtəfíʃl] アータフィショウ 人工の ↔ natural 自然の
0438	intelligence [intélidʒəns] インテリヂャンス	意味 2	1 知能 2 情報 cf. the Central Intelligence Agency 米国中央情報局
0439	賢い	英語 3or4	1 intelligent [intélidʒənt]《インテリヂャント》 知能が高い 2 wise [wáiz] ワイズ 経験豊かで判断力がある > wisdom [wízdəm] ウイズダム 知恵 3 smart [smɑ́ːrt] スマート 切れる 4 clever [klévər] クレヴァー ずる賢い

単語・熟語 & Questions		Answers & Key Points
0440 愚かな	英語 2or3	1 foolish [fúːliʃ] フーリッシュ > fool [fúːl] フーウ バカな人、ピエロ 2 stupid [stjúːpəd] ステューパド 3 silly [síli] スィリィ
0441 bright [bráit] ブライト	意味 2	1 明るい 2 賢い
0442 She is ( ). 彼女はスマートだ。	空補 2	1 slim [slím] スリム 2 slender [sléndər] スレンダー（女性が） thin はほめことばにならない
0443 skin [skín] スキン	意味 形容詞	はだ、皮 形 skinny [skíni] スキニィ やせこけた
0444 ( ) the ( )( ) 21 世紀に	空補	in the twenty-first century century [séntʃəri] センチャリィ
0445 Our ( )( )( )( ) after a long time. 久しぶりに家族全員が集まった。	空補	whole family got(/gathered) together whole [hóul] ホウウ 全体の（hole 穴と同音） gather [gǽðər] ギャざー 集める、集まる together [təgéðər] タゲざー 一緒に
0446 日本は米国と第二次世界大戦で戦った。	英語	Japan fought with(/against) the US in World War II (two). fight [fáit] ファイト 戦う > fought [fɔ́ːt] フォート > fought　cf. the Second World War には the がつくが、Chapter III (three) などの場合と同様、WW II には the をつけない。
0447 with [wíθ/wíð] ウイす / ウイず	意味 5	1 と 2 で 3 持って 4 まま 5 に関して →0201, 0202
0448 Tom and I did it together. = Tom did it ( )( ).	空補	with me　together は「一緒に」という副詞で、with は「〜と（一緒に）」という前置詞。 together with me とも言える。

レベル 2

No.	単語・熟語 & Questions		Answers & Key Points
0449	write (　)(　)(　) ペンで書く	空補	with a pen　手に持つ道具などの with
0450	(　) the (　)(　) water コップを水で満たす	空補	fill the glass with 右から左のベクトル
0451	The glass is (　)(　) water. 水でいっぱいである	空補 2	① filled with ② full of
0452	① a boy (　) has blue eyes = ② a boy (　)(　) are blue = ③ a boy (　) blue eyes　青い目の少年	空補	① who（he が抜けた） ② whose eyes（his eyes が抜けた） ③ with（持っての with）
0453	Don't talk with your mouth full.	意味	口をいっぱいにしたままでしゃべるな。 with OC「O が C のまま（状況）で」Your mouth is full. の関係がある付帯状況構文
0454	smooth	発音 意味 反対	[smú:ð] スムーず（語尾の th で [ð] はこれと with だけ） なめらかな ↔ rough [rʌ́f] ラフ 粗い
0455	breath [bréθ] ブレす	意味 動詞	息　動 breathe [brí:ð] 息をする > breathing 発音しない e は取って ing
0456	(　) a (　) 風呂に入る	空補	take(/have) a bath bath [bǽθ/bɑ́:θ] バす / バーす　cf. tub [tʌ́b] タブ 湯ぶね 動 bathe [béið] ベイず 浴びる
0457	I was (　)(　) a (　). にわか雨に降られた	空補	caught in a shower shower [ʃáuər] シャウア にわか雨、シャワー cf. take(/have) a shower シャワーに入る
0458	① かぜをひく ② かぜをひいている	英語	① catch (a) cold ② have a cold

単語・熟語 & Questions		Answers & Key Points
0459 趣味は何かありますか。	英語	Do you have any hobbies? hobby [hɑ́bi] ハビィ 趣味 （相当凝っているものなので What's your hobby? と持っているのを前提として聞くのは不自然）
0460 government [gʌ́vərnmənt] ガヴァ（ン）マント	意味	政治、政府 > govern [gʌ́vərn] ガヴァン 治める > governor [gʌ́vərnər] 知事、支配者
0461 rule [rúːl] ルール > ruler [rúːlər] ルーラー	意味 2	rule ① 規則　② 支配する ruler ① 支配者　② 定規
0462 angle [ǽŋgl] エァンゴウ > triangle [tráiæ̀ŋgl] トゥライエァンゴウ	意味	angle 角度 triangle (tri [3 つの] angle [角度]) 三角形、三角定規
0463 square [skwéər] スクウエア	意味 1 ～ 3	① 四角　②（四角い）広場 ③ 公明正大な
0464 circle [sə́ːrkl] サーコウ	意味 1or2	① 円　② 団体
0465 neighbor [néibər] ネイバー	意味 名詞	近所の人、隣接する neighborhood [néibərhùd] 近所
0466 a (　) country = (　) country 外国	空補 スペ	foreign [fɑ́rən] ファラン 外国の　スペ フォレイグン > foreigner [fɑ́rənə] ファラナァ 外国人 another [ənʌ́ðər] アナざー もう 1 つ他の（もの） (an [1 つ] other [他の（もの）])
0467 They are twins, but one is taller than (other, another, the other).	選択	the other 「彼らは双子だが、一方が他方より背が高い。」 other を名詞で使うと裸名詞で不可。 another は他に残りがあるとき。 the other は残りすべてのとき。

No.	単語・熟語 & Questions		Answers & Key Points
0468	**(　　) flowers are red, while (　　) are blue.** 赤い花もあれば、青い花もある。	空補	**Some, others** (others 他のものたち = other flowers) Some are ~, others are ~. 「〜もあれば〜もある」
0469	**(　　) of (　　)(　　)** 近いうちに	空補	**one of these days** (近日のうちの１日で)
0470	**先日**	英語	**the other day** (今日じゃない他の日)
0471	**その当時**	英語	**in those days** (あれらの日々において)
0472	**[　　] I go to church.** **最近教会に通っている。**	英語 1or2	① **These days** ② **Nowadays** [náuədèiz] ナウアデイズ どちらも現在形で使う。
0473	**現在形以外で使う「最近」**	英語 1or2	① **recently** [ríːsntli] リースントリィ (過去か完了で) ② **lately** [léitli] レイトリィ (主に現在完了で)
0474	**あさって**	英語 1or2	① **the day after tomorrow** (あしたの後の日) ② **two days from now**
0475	**おととい**	英語 1or2	① **the day before yesterday** (きのうの前の日) ② **two days ago** [əgóu] アゴウ 〜前
0476	**いつか、ある日**	英語 1or2	① **someday** (some [ある] day [日] 未来) ② **one day** (未来、過去)
0477	**どこかに行く**	英語	**go somewhere** (some [ある] where [場所に、へ、で])

単語・熟語 & Questions		Answers & Key Points
0478 だれか、重要人物	英語 2	1 **someone**（some [ある] one [人]） 2 **somebody**（some [ある] body [体]）
0479 **somehow** [sʌ́mhàu] サムハウ	意味 1or2	1 どういうわけか（some [ある] how [方法で]） 2 なんらかの方法で
0480 **The news (　)(　).** 知らせはいたるところに広がった。	空補	**spread everywhere** spread [spréd] スプレッド 広がる、広げる > spread > spread everywhere (every [あらゆる] where [場所に])
0481 **You can sit (　).** どこにでも座ってよい。	空補	**anywhere** (any [どんな]　where [場所にでも])
0482 **Call me (　).** いつでもお電話ください。	空補	**anytime** (any [どんな]　time [ときにでも])
0483 **Did (　)(　) the door?** だれかドアに鍵をかけた？	空補 1or2	**anyone(/anybody) lock** anyone (any [どんな] one [人でもいいので]) lock [lák] ラック 錠 cf. rock [rák] ラック 岩　luck [lʌ́k] ラック 運
0484 **the (　)(　) success** 成功のカギ	空補	**key to** key [kíː] キー (quay 波止場 と同音) lock を開けるもの
0485 **Did he say (　)(　)?** 彼は他に何か言った？	空補	**anything else** anything (any [どんな]　thing [ことでもいいので]) else [éls] エルス ほかの、ほかに
0486 **彼は他に何を言った？**	英語	**What else did he say?** else は any-, every-, some-, no- や疑問詞に後置修飾する。

単語・熟語 & Questions		Answers & Key Points
0487 とにかく どっちみち	英語	anyway, anyhow (any [どんな] way, how[道でも、方法でも])
0488 I can't walk ( ). これ以上歩けない。	空補	anymore [ènimɔ́ːr] エニモー 数量では 2 語 (any [どんなにも] more [これ以上は])
0489 I can ( ) ( ) walk. = 488	空補 書き換え	no longer (no [どんなにもない] longer [これ以上長くは]) = I can't walk any longer.
00490 目的語に to do ではなく、doing を取る動詞 <イニシャル記憶>	定義 10~12	メガフェップス mind, miss, enjoy, give up, avoid finish, escape, practice, put off postpone, stop, suggest
00491 ( ) you ( ) ( ) ( ) the TV? テレビを消してくれませんか。	空補	Would(/Do), mind turning (/switching) off mind [máind] マインド 頭、～をいやがる (心、精神と訳すとほぼ誤訳)
00492 491 に「いいですよ」で答えて。	英語	No, not at all. / Of course not. いやではないと答える。
00493 I don't mind ( ) ( ) ( ) the TV. あなたがテレビをつけてもかまいません。	空補	you(/your) turning(/switching) on 動名詞の意味上の主語は目的格か所有格 switch [swítʃ]《スウィッチ》 スイッチ、変える、交換する
00494 ( ) not to write (to) her 彼女に手紙を書かないように決める	空補 名詞	decide [disáid] ディサイド (目的語には to do を取る) 名 decision [disíʒən] ディスィジャン 決心
00495 彼は彼女に手紙を書かないように決めた。	英語 10 語で	He made up his mind not to write to her. (心を作り上げる＝決心する。write her は米式)

No.	単語・熟語 & Questions		Answers & Key Points
0496	divide [dəváid] ダヴァイド	意味 名詞	分ける 名 division [dəvíʒən] ダヴィジャン 分割
0497	Lucy misses having a kimono on.	意味	ルーシーは着物を着たのを懐かしがっている。 miss しそこなう、いないのを寂しく思う have on 身に着けている = wear
0498	He (　)(　)(　) a (　). 彼は小説を書くのをあきらめた。	空補	gave up writing a novel give up (途中で) やめる = stop (まだ始めていないなら give up the idea of) novel [návl] ナヴォウ 小説、新しい
0499	They stopped to talk.	意味	彼らは話しをするために立ち止まった(作業を中断した)。 stop talking なら「話すのをやめる」
0500	You should avoid scolding your kids all the time.	意味	いつでも子供を叱ってばかりいるのは避けるべきだ。 avoid [əvɔ́id] アヴォイド 避ける scold [skóuld] スコウルド (子供を) 叱る all the time = always
0501	should = (　)(　)	空補 意味 2	ought to [ɑ́:tə/ɔ́:rə] アータ / オーラ (flapT 母音に挟まる t が r になる現象) すべき、するはずだ
0502	You ought (　)(　)(　)(　)(　)(　) it. それの支払いを先延ばしすべきではない。	空補	not to put off paying for put off (put [置く] off [遠くへ]) 延期する = postpone [poustpóun] ポウス (ト) ポウン (post [後に] pone [ポンと置く]) pay [péi] ペイ 払う、割に合う > paid [péid] > paid
0503	I can't escape thinking of you.	意味	君のことを考えずにはいられない。 escape [iskéip] イスケイプ 逃げる、逃れる think of ～について考える、思いつく (関連の of)

No.	単語・熟語 & Questions		Answers & Key Points
0504	I [　] Shohei, but I've never met him. 知っている	英語	**know of**（関連の of） 個人的知り合いなら know でよい。
0505	hear of him	意味	彼について（間接的にうわさで）聞く
0506	hear from him	意味	彼から（直接）連絡（手紙、電話、音沙汰）がある
0507	They [　] the desks. 机の下に隠れる練習をした。	英語	**practiced hiding under** hide [háid] ハイド 隠れる、隠す > hid [hid] ヒッド > hid/hidden [hídn] ヒドン
0508	論理 ↔ 実践	英語	**theory** [θíːəri] すぃーアリィ 学説、論理 ↔ **practice** [prǽktis]《プラクティス》 実行、実践、習慣、練習する
0509	私的 ↔ 公的	英語	**private** [práivət] プライヴァト ↔ **public** [pʌ́blik] パブリック cf. public school 英国の全寮制私立中等学校
0510	publish [pʌ́bliʃ]《パブリッシュ》	意味	公表する、出版する
0511	She [　] in public. よく人前で歌ったものだ。	英語	**used to sing** used to [júːstə] ユースタ よくしたものだ ≒would（状態動詞は不可）
0512	She [　] in public. 人前で歌うのに慣れている。	英語	**is used to singing** be used to -ing ～することに慣れている （使い慣らされている。to は前置詞）
0513	He said, "Let's shake hands." = He (s　) (　) hands.	空補	**suggested shaking** suggest [sədʒést] サヂェスト 提案する、暗示する 名 suggestion [sədʒéstʃən] サヂェスチュン 提案、暗示 shake [ʃéik] シェイク 振る > shook [ʃúːk] シュック > shaken [ʃéikn] シェイクン

	単語・熟語 & Questions		Answers & Key Points
0514	513 = He [ ] hands.	英語 1or2	proposed shaking(/to shake) propose [prəpóuz] プラポウズ 提案する 名 proposal [prəpóuzl]《プラポウゾウ》 申し込み、提案 名 proposition [pràpəzíʃən]《プラパズィシュン》 提案、定理
0515	初めのうちは	英語	at first（最初の点で）↔ at last
0516	はじめて	英語	for the first time（第1回目として）= first
0517	I visited Kyoto [ ]. 10年ぶりに	英語	for the first time in ten years （10年間で初めて） cf. for the first time in a long time 久しぶりに
0518	He was ( )( ) school. 欠席した	空補 名詞	absent from absent [ǽbsənt] アブサント 欠席している 名 absence [ǽbsəns] アブサンス 不在、欠席
0519	He was ( )( ) school. 出席していた	空補 意味 3or4	present at present [préznt] プレズント 1 出席している 2 現在の 3 贈り物 4 [prizént] プリゼント 贈る 名 presence [prézns] プレズンス 存在
0520	please [plíːz] プリーズ	意味 2 名詞 形容詞	1 どうぞ、どうか 2 喜ばせる 名 pleasure [pléʒər] プレジャー 喜び 形 pleasant [pléznt] プレズント（物が）楽しい
0521	She was (p)( ) the gift. ～に喜んだ	空補	pleased with ～に喜ぶ（喜ばさせられる） with ＋物、人 at＋知らせ
0522	彼女は贈り物を受け取って喜んだ。	英語	She was pleased to receive the gift(/present). receive [risíːv] リスィーヴ

No.	単語・熟語 & Questions		Answers & Key Points
0523	レシート	英語 スペ	**receipt** [risíːt] リスィート スペ レセイプト（c の後は ei） reception [risépʃən] リセプシャン 受け入れ、歓迎
0524	**gift** [gíft] ギフト	意味 2 書き換え	① 贈り物＝present ② 才能＝talent [tǽlənt] タラント
0525	このレストランはとてもおいしい料理で有名だ。	英語 スペ レストラン	**This restaurant is famous for its delicious dishes.** restaurant [réstərənt] レスタラント スペ レスタウラント delicious [dilíʃəs] ディリシャス 非常においしい famous [féiməs] フェイマス 名 fame
0526	**He is (　)(　) the youth.** 若者に知られている	空補 1or2	**known to(/among)**
0527	**He is (　)(　) girls.** 女子に人気がある	空補 1or2	**popular among(/with)** popular [pάpjələr] パピャラー
0528	**India has (　)(　)(　).** インドは人口が多い。	空補	**a large population** population [pὰpjəléiʃən] パピャレイション 人口は many, few ではなく、large, small を使う。
0529	**The concert drew (　)(　)(　).** コンサートは大勢の聴衆を引き寄せた。	空補	**a large audience** audience [ɔ́ːdiəns] オーディエンス 聴衆、観客（audi は耳に関係ある） 聴衆は many, few ではなく、large, small を使う。
0530	**(　)(　)(　)(　) teachers here (　) over sixty.** ここにいる少数の先生は 60 歳以上です。	空補	**A small number of, are** a number of+ 複数名詞　多数の、若干の 主語は of 以下。A few of the teachers も可。 数は many, few ではなく、large, small を使う。
0531	**(　)(　)(　) teachers here (　) over sixty.** ここにいる先生方の数は 60 人以上です。	空補	**The number of, is** the number of の主語は number。 teachers に the はつけない。

No.	単語・熟語 & Questions		Answers & Key Points
0532	They elected him captain.	意味	彼らは彼をキャプテンに選んだ。 elect [ilékt] イレクト （投票で）選ぶ 名 election [ilékʃən] イレクシャン 選挙 captain [kǽptn] キャプトゥン 船長、リーダー 補語になるその場に1人だけの役職は裸名詞
0533	He lives (　) in the (　)(　) in the (　). 首都にではなくいなかに住んでいる	空補	not, capital, but, country(side) not A but B　A ではなく B capital [kǽpətl] キャパトゥ 首都、大文字、資本 country(side) [kʌ́ntri(sàid)]《カントリー（サイド）》 いなか
0534	(　)(　) the planets (　)(　) the sun rotates. 惑星だけでなく太陽も自転する。	空補	Not only, but also　動詞は B に一致が正式 not only A but (also) B　A だけではなく B も planet [plǽnət] プレアナット 惑星、地球 rotate [róuteit] ロウテイト 回転する
0535	534 = The (　), (　)(　)(　) the (　), rotates.	空補	sun, as well as, planets A as well as B　B はもちろん A も 動詞は A に一致が正式
0536	May I (　)(　) a (　)? お願いがあるのですが。	空補	ask you a favor (= ask a favor of you) （あなたに親切な行いを頼んでもいいですか） favor [féivər] フェイヴァ 好意、親切な行い
0537	536 = Will you (　)(　)(　)(　)?	空補	do me a favor （親切な行いを私にしてくれませんか） Will you ~? = Please ~.
0538	That's my (　)(　). それは私の一番好きなキャラです。	空補	favorite character favorite [féivərət]《フェイヴァラット》 お気に入りの（物） すでに一番の意味があるので most をつけない character [kǽrəktər] キャラクター 登場人物、個性、（漢字のような）文字
0539	letter [létər] レター	意味 2	1 手紙 2 （アルファベットのような）文字

Level2 単語・熟語 & Questions		Answers & Key Points
0540 Let' s play a match. =(　)(　) play a match?	空補	Shall we（みんなで［2人で］～しましょう［か］） Let's = Shall we ~? = How about ~ing? match [mætʃ] メァッチ 試合、マッチ（棒）、調和する
0541 540 = (　)(　)(　) a match?	空補	How about playing ～することについてはどうですか about は前置詞なので後ろは ing
0542 She waved good-by.	意味	彼女は手を振って別れを告げた。 wave [wéiv] ウエイヴ 波、手を振る
0543 She bent over the flowers.	意味	彼女は花の上にかがんだ。 bend [bénd] ベンド 曲がる、曲げる > bent > bent
0544 He told me (　)(　)(　)(　). 彼は私に眠りに落ちないように言った。	空補	not to fall asleep asleep [əslíːp] アスリープ 眠っている He is asleep(/sleeping). の状態になるのが He falls asleep. (SVC)
0545 544 の文型は？	定義	He told me not to fall asleep. S　V　O　C 第5文型（O に「が」をつけて C との関係が成立「私が眠りに落ちない」）
0546 He (　)(　) at ten. 目が覚めた	空補	woke up wake [wéik] ウエイク 目覚める（目覚めさせる） > woke [wóuk]《ウオウク》 > woken [wóukn]《ウオウクン》
0547 Are you still (　)? まだ起きている？	空補	awake [əwéik] アウェイク 目覚めて、目覚めさせる（目覚める） > awoke/awaked > awoken/awaked
0548 He sat (　). 彼はじっとすわっていた。	空補	still [stíl] スティウ 副 まだ 形 じっと

No.	単語・熟語 & Questions		Answers & Key Points
0549	彼らは彼女に正直な男と結婚してほしいと思っている。	英語 8語で	**They want her to marry an honest man.** want (/ would like) 人 to do 人に〜してほしい honest [ɑ́nəst] アナスト 正直な
0550	marry him = (　) (　) (　) him	空補	**get married to** marry [mǽri] メァリィ 〜と結婚する（×with） be married to 〜と結婚している
0551	slide [sláid] スライド	意味	滑る、滑り台、滑走（路）
0552	carriage [kǽridʒ] キャリヂ	意味	車両、馬車　cf. carry [kǽri] キャリー 運ぶ
0553	(　) (　) take your picture? しましょうか。	空補	**Shall I**（私が〜しましょうか） Yes, please. や No, thank you. で答える。
0554	553 = (　) (　) (　) (　) (　) take your picture?	空補 2	① **Would you like me to** ② **Do you want me to** （私があなたの写真を撮るのを望みますか）
0555	矢、矢印	英語	**arrow** [ǽrou] エァロウ
0556	They didn't (　) her (　) (　) (　). 彼らは彼女が留学するのを許さなかった。	空補 1or2	**allow(/permit), to study abroad** allow [əláu] アラウ 許す permit [pərmít] パーミット 許す allow(/permit) 人 to do 人が〜するのを許す
0557	556 = They didn't (　) her (　) (　).	空補	**let, study abroad** let [lét] レット させる > let > let let 人 原形　人に（許可して）〜させる
0558	使役動詞の定義と代表を３つ	定義	**tell 人 to do 型の to が消える動詞** **make**（強制的に）させる、**have**（頼んで、お金を払って）させる、**let**（許可して）させる

No.	単語・熟語 & Questions		Answers & Key Points
0559	私は彼を（強制的に）病院へ行かせた。	英語	**I made him go to (the) hospital.** hospital [hάspitl] ハスピトウ（大）病院 （無冠詞は英用法） 診療所は clinic
0560	**I (　　) him (f　　) the broken window.** 彼に壊れた窓を（頼んで）直してもらった。	空補	**had, fix** fix [fíks]《フェクス》 直す、固定する、(食べ物を) 用意する （問題を）処理する、やっつける
0561	**(　　) a (　　) (　　) them** 彼らのために食事を用意する	空補 1or2	**prepare(/fix) a meal for** prepare [pripéər] プリペア 準備する meal [mí:l] ミーウ 食事
0562	**repair** [ripéər] リペア	意味 類義 1or2	修理する（大規模） 類 **mend**[ménd] メンド（米では布製品のみ） **fix**（= repair+mend）
0563	**(　　) (　　) (　　).** ええと。	空補	**Let me see.**（私に考えさせてください） Let's see. や Let me think. も言う。
0564	**(　　) the box** 箱の中へ	空補 反対	**into** [íntə] インタ 〜の中へ ↔ **out of** 〜から、〜の外へ
0565	**He [　　] the music club.** 音楽クラブに属している	英語	**belongs to**（状態動詞なので進行形にしない） belong [bilɔ́:ŋ]《ビローング》「調和する」では to 以外も可 club [klʌ́b] クラブ クラブ、こん棒
0566	**I'm (　　) that it will snow tonight.** 確かだ	空補 2	**sure** [ʃúər] シュア（主観的に）確信している **certain** [sə́:rtn] サートゥン （客観的理由があって）確信している
0567	**(　　) (　　) (　　), let's take out pizza.** 料理をする代わりに	空補	**Instead of cooking** instead [instéd]《インステッド》 代わりに、〜しないで cf. without は非対称で同時にできること cook は加熱を伴う

No.	単語・熟語 & Questions		Answers & Key Points
0568	Don't (　)(　)(　) (　)(　). 間違いを犯すことを恐れてはいけない。	空補	be afraid of making mistakes afraid [əfréid] アフレイド ～を恐れている make a mistake 間違いを犯す 動詞で I mistook. は目的語がないので不可
0569	(　) she lost interest in playing the piano. 突然	空補	Suddenly [sʌ́dnli] サドゥンリィ 突然 interest [íntərəst] インタラスト 興味、利子、利害、惹きつける
0570	He (　)(　)(　) to Europe. = traveled	空補 1or2	1 took a trip (観光) 2 made a trip (仕事) cf. go on a trip も可（口語的） trip の動詞は「つまずく」という意味 travel [trǽvl] トゥラヴォウ 旅行する、移動する take(/make/go on) a travel は不可
0571	1 陸の長い旅行 2 船旅、航海 3 周遊旅行	英語	1 journey [dʒə́ːrni] ヂャーニィ 2 voyage [vɔ́iidʒ] ヴォイヂ 3 tour [túər] トゥアー それぞれ go on(/take/make) a ~ で使える
0572	ピクニックに行く	英語 1or2	go on(/to) a picnic ic で終わる語は picnicking, picnicked のように k を重ねる
0573	(　) a (　)(　) つらい目にあう	空補 1or2	have a hard(/tough) time tough [tʌ́f] タフ 難しい、堅い、丈夫な
0574	573 = (　) hardships = (　)(　) hardships	空補	experience [ikspíəriəns] 経験（する） イクスピアリアンス go through 経験する（通り抜けて進む）
0575	experiment [ikspérəmənt] イクスペラマント	意味	実験（する）

No.	単語・熟語 & Questions		Answers & Key Points
0576	**I (　)(　)(　) a (　) boy.** 内気な男の子と友達になった。	空補	**made(/became) friends with, shy** shy [ʃái] シャイ
0577	**deep** [dí:p] ディープ	意味 反対 名詞	深い ↔ **shallow** [ʃǽlou] シャロウ 浅い **depth** [dépθ] デプす 深さ
0578	**happy** [hǽpi] ヘァピイ	意味 反対 2 名詞	幸せな、楽しい、満足している ↔ **unhappy** [ʌnhǽpi] アンヘァピィ 不幸な ↔ **sad** [sǽd] スァド 悲しい 名 **happiness** [hǽpinəs] ヘァピナス 幸福
0579	**(　) a (　)** 約束をする（守る、破る）	空補	**make(/keep/break) a promise** promise [prάməs] プラマス
0580	**(　) the (　)** 壁のそば（隣）に	空補	**beside the wall** beside [bisáid] ビサイド (by [そばに] side [横に]) near より近い wall [wɔ́:l] ウォーウ
0581	**(　)(　) the (　)** 社長であるのに加えて	空補	**besides being the president** besides [bisáidz] ビサイツ ～に加えて、さらに (beside にさらに s がつく方がさらに) president [prézədnt]《プレザドゥント》 大統領、社長、学長
0582	**(　) the (　)** 図書館の近くで	空補 スペ 図書館	**near the library** near [níər]《ニア》（場所的・時間的に）近く（で、の） library [láibrèəri] ライブレアリイ ✕ルアイブラリィ
0583	**in the (　) park** 近くの公園で	空補	**nearby** [niəbái] ニアバイ 近くの（で） near の場所修飾は原級では不可。 ×the near park ○the nearest park ○the near future

単語・熟語 & Questions		Answers & Key Points
0584 I'm (　)(　). こっちは ほとんど終わったよ。	空 補 それぞれ 2	**almost(/nearly) done(/finished)** （ほとんどしてしまった状態である） almost [ɔ́:lmoust]《オールモウスト》 も nearly [niərli]《ニアリィ》 も 「ほとんどそうだがそうではない」という副詞。 do > did > done [dʌ́n] ダン
0585 (　)(　) are not felt. ほとんどの地震は 感じられない。	空 補	**Most earthquakes** most [móust] モウスト ほとんどの many, much の最上級とは別。some と同じ語法 almost は副詞なので通常の名詞は修飾しない。 earthquake [ə́:rθkwèik] アースクェイク　地震 （earth [地球、土] quake [揺れ]）
0586 (　) of the (　) were filmed in a studio. 場面のほとんどはスタジオ で撮影された。	空 補 スペ 場面	**Most, scenes** 主語は名詞なので almost は不可。 scene [sí:n] スィーン 場面、眺め　スペ スセネ film [fílm] フィルム 映画（に撮影する） studio [stjú:diòu]《ステューディオウ》 スタジオ、仕事場
0587 (　) the (　) 地平線の向こうに	空 補	**beyond the horizon** beyond [bijánd] ビャンド ～の向こうに、超えて horizon [həráizn] 地平線、水平線
0588 The sun (　)(　) the (　). 西に沈む ↔ 東から昇る	英 語	**sets in the west ↔ rises in the east** set [sét] セット（定位置に）置く、整える、沈む > set > set
0589 fire [fáiər] ファイア	意 味 2 ～ 4	1 火 (不)　2 火事（可） 3 発砲する　4 クビにする
0590 burn [bə́:rn] バーン	意 味 活 用	燃える、燃やす > burnt(/burned) > burnt(/burned)
0591 shine [ʃáin] シャイン	意 味 活 用	輝く、（靴などを）磨く 「磨く」では規則変化 > shone [ʃóun/ʃán] ショウン / シャン > shone

No.	単語・熟語 & Questions		Answers & Key Points
0592	show [ʃóu] ショウ	意味 2～5 活用	1 見せる　2 示す　3 証明する 4 姿を現す　5 見せ物 > showed > shown [ʃóun]《ショウン》 (shone と同音)
0593	the (　)(　) A and B A と B の違い	空補 動詞	difference between difference [dífrəns] ディフルンス [動] differ [dífər] ディファー (from) 異なる
0594	美しい	英語 スペ 名詞	beautiful [bjúːtəfl]《ビューラフォウ》　[スペ] ビーアユティフル beauty [bjúːti] ビューティ 美しさ、美人
0595	of ＋抽象名詞 の働き	定義	形容詞　of は「～の性質を持っている」という性質の of a beautiful woman（外見的） ≒ a woman of beauty（性質の of なので内面も）
0596	a person (　)(　)(　) ＝a very important person	空補	of great importance importance [impɔ́ːrtəns] インポータンス 重要性 very「とても」は副詞なので名詞を修飾しないため、形容詞の great や much に変える。 [参] 英語で VIP「要人」は [víp] ではなく、[víːáipíː] と発音。
0597	person [pə́ːrsn] パースン	意味 形容詞	人　複数は persons より people [píːpl] ピーポウ 人々（a をつけると国民、民族） [形] personal [pə́ːrsnl] パースノゥ 個人的な > personality [pə̀ːrsnǽləti]《パースナラティ》 性格、有名人
0598	主人 ↔ 招待客	英語	host [hóust] ホウスト 主催者、（ラジオなどの）パーソナリティ (= emcee) ↔ guest [gést] ゲスト ホテルの客に使える
0599	guess [gés] ゲス	意味	推測する、思う guessed は guest と同音
0600	passenger [pǽsndʒər] パスンヂャー	意味	乗客 cf. passage [pǽsidʒ] パスィヂ 通行、通路、一節

Level 3

No.0601 ～No.0850

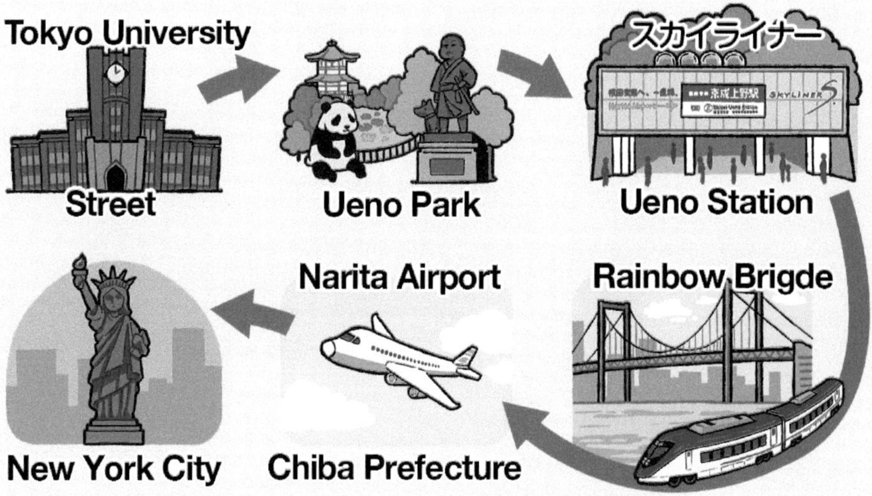

the をつけない固有名詞

No.	単語・熟語 & Questions		Answers & Key Points
0601	今日は何曜日ですか。	英語	**What day (of the week) is (it) today?** it があると today は副詞、ないと名詞で主語。
0602	今日は何日ですか。	英語 1or2	**① What day of the month is (it) today? ② What's the date today?** date [déit] デイト 日付、会う約束、デート
0603	( )( )( ) with the ( ) 歯医者に予約を入れる	空補	**make an appointment, dentist** dentist [déntəst] デンタスト appointment [əpɔ́intmənt]《アポイントマント》 任命、会う約束 appoint [əpɔ́int] 任命する
0604	( )( )( )( ) two nights at the hotel ホテルに2泊の予約を入れる	空補	**make a reservation for** reservation [rèzərvéiʃən]《レザヴェイシャン》 予約、保留 reserve [rizə́ːrv] リザーヴ 予約する ×reserve a hotel(/restaurant) とは言わない
0605	**preserve** [prizə́ːrv] プリザーヴ	意味 名詞	保護する、保存する 名 **preservation** [prèzərvéiʃən]《プリザヴェイシャン》 保持、保存
0606	**disappoint** [dìsəpɔ́int] ディサポイント	意味 名詞	がっかりさせる、約束を破る 名 **disappointment** [dìsəpɔ́intmənt]《ディサポイントマント》 失望
0607	感情他動詞の ing と pp の意味	定義	ing（人を）～させるような pp（何かによって）～させられたような disappointing「がっかりさせるような」 disappointed「がっかりしている」
0608	She is exciting.	意味	彼女はわくわくさせるような人だ。（ロック歌手など） cf. She is excited. 彼女はわくわくしている。 （試合などによってわくわくさせられた状態だ）

	単語・熟語 & Questions		Answers & Key Points
0609	He is surprising.	意味	彼は驚くべき人だ。（人を驚かせるような人）
0610	I was (amazing /amazed). 仰天した	選択	amazed（仰天させられた） amaze [əméiz] アメイズ（とても）びっくりさせる cf. He is amazing. 彼はものすごい。 cf. maze 迷路
0611	He is (boring / bored) with country life. いなかの生活にうんざりしている。	選択	bored（退屈にさせられた状態だ） bore [bɔ́ːr] ボー うんざりさせる、穴をあける cf. He is boring. 彼はつまらないやつだ。
0612	I'm (　)(　) work. 仕事で疲れている。	空補	tired from（肉体的疲労。from は外的要因）
0613	I'm (　)(　) work. 仕事に飽き飽きしている。	空補 2	1 tired of（精神的疲労。of は内的要因） 2 sick of　sick は「吐き気がするような」
0614	613 = I'm (　)(　)(　) work.	空補	fed up with（～でのどもとまで満たされている） feed [fíːd] フィード 食べ物を与える > fed > fed
0615	board [bɔ́ːrd] ボード (bored と同音)	意味 2～4	1 板　2 委員会（板＝机） 3（下宿などの）食事（板＝テーブル） 4 乗る（板＝デッキ）
0616	They were all (　). 全員乗船していた。	空補 言い換え	aboard [əbɔ́ːrd] アボード 乗って on board
0617	エジプト	英語 アク 形容詞	Egypt [íːdʒipt] イーヂプト 形 Egyptian [idʒípʃən] イヂプシャン エジプトの・人・語
0618	イタリア	英語 形容詞	Italy [ítəli] イタリィ 形 Italian [itǽljən]《イタリアン》 イタリアの・人・語

0619	ドイツ	英語 形容詞	Germany [dʒə́ːrməni] ヂャーマニィ 形 German [dʒə́ːrmən] ドイツの・人・語 ヂャーマン
0620	フランス	英語 形容詞	France [frǽns] フランス 形 French [fréntʃ] フレンチ フランスの・人・語
0621	アメリカ（合衆国）	英語 形容詞	(the United States of) America[əméərikə] アメアリカ 形 American [əméərikən] アメアリカン アメリカの、アメリカ人、アメリカ英語
0622	unite [juːnáit] ユーナイト	意味	一体化する (uni = 1)、結びつける
0623	unit [júːnit] ユーネト	意味	1つのもの、単位
0624	unique [juːníːk] ユーニーク	意味	独特の、唯一の（人がユニークと言うときには interesting を使う）
0625	イギリス	英語 1or2 形容詞	① (Great) Britain [brítn] 大ブリテン島 ブリトゥン ② the United Kingdom [kíŋdəm] 王国 キングダム 形 British [brítiʃ] 英国の・英国人 ブリティシュ（個人は a British person）
0626	英国の４地域	英語	England, Wales [wéilz] ウエイルズ, Scotland [skɑ́tlənd] スカットランド, Northern Ireland [nɔ́ːrðən áiələnd] ノーざンアイアランド
0627	南	英語 形容詞 反対	south [sáuθ] サウす 形 southern [sʌ́ðərn] サざン ↔ north [nɔ́ːrθ] ノーす 北
0628	スペイン	英語 形容詞	Spain [spéin] スペイン 形 Spanish [spǽniʃ] スペインの・人・語 スパニッシュ

	単語・熟語 & Questions		Answers & Key Points
0629	ポルトガル	英語 形容詞	Portugal [pɔ́ːrtʃəgl] ポーチャゴウ 形 Portuguese [pɔ̀ːrtʃəgíːz] ポーチャギーズ ポルトガルの・人・語
0630	ギリシャ	英語 形容詞	Greece [gríːs] グリース 形 Greek [gríːk] グリーク ギリシャの・人・語
0631	スイス	英語 スペ 形容詞	Switzerland [swítsərlənd] スウィッツァーランド スペ スウイットザーランド 形 Swiss [swís] スウィス スイスの・人
0632	インド	英語 形容詞	India [índiə] インディア 形 Indian [índiən] インディアン インドの、人 アメリカインディアンは Native American という
0633	ロシア	英語 形容詞	Russia [rʌ́ʃə] ラシャ 形 Russian [rʌ́ʃən] ラシャン ロシアの・人・語
0634	オーストラリア	英語 形容詞	Australia [ɔːstréiljə] オーストレイリャ 形 Australian [ɔːstréiljən] オーストレイリャン オーストラリアの・人
0635	オーストラリア先住民	英語	aborigine [æbərídʒəni] アバリヂャニ
0636	ベトナム	英語 形容詞	Vietnam [vìːetnɑ́ːm] ヴィエトナーム 形 Vietnamese [viètnɑːmíːz] ヴィエトナーミーズ ベトナムの・人・語
0637	日本	英語 形容詞	Japan [dʒəpǽn] ヂャパン　japan は 漆、漆器 形 Japanese [dʒæ̀pəníːz] ジャパニーズ 日本の・人・語
0638	中国	英語 形容詞	China [tʃáinə] チャイナ （秦から） china は 陶器 形 Chinese [tʃàiníːz] チャイニーズ 中国の・人・語

	単語・熟語 & Questions		Answers & Key Points
0639	韓国	英語 形容詞	Korea [kəríːə] カリア（高麗から） 形 Korean [kəríːən] カリーアン 韓国の・人・語
0640	タイ	英語 形容詞	Thailand [táilænd] タイランド 形 Thai [tái] タイ タイの・人・語
0641	ブラジル	英語 形容詞	Brazil [brəzíl] ブラズィウ 形 Brazilian [brəzíliən] ブラズィリアン ブラジルの・人
0642	アジア	英語 形容詞	Asia [éiʒə] エイジャ 形 Asian [éiʒən] エイジャン アジアの・人
0643	アフリカ	英語 形容詞	Africa [ǽfrikə] アフリカ 形 African [ǽfrikən] アフリカン アフリカの・人
0644	ヨーロッパ	英語 形容詞	Europe [júərəp] ユアラップ 形 European [juərəpíːən] ユアラピーアン ヨーロッパの・人
0645	(　)(　) paintings 何百枚もの絵画	空補 スペ	hundreds of hundred [hʌ́ndrəd] ハンドラッド 百　スペ フンドレッド
0646	(　)(　) drawings 何千枚ものスケッチ	空補	thousands of thousand [θáuzənd] さウザンド 千 百や千が複数形になるのはこの熟語のときのみ
0647	1, 234, 567, 890	英語	one billion, two hundred thirty-four million, five hundred sixty-seven thousand, eight hundred ninety billion [bíljən] ビリャン 10億 million [míljən] ミリャン 100万 英語の単位はカンマごとにつける

No.	単語・熟語 & Questions		Answers & Key Points
0648	A friend in need is a friend ( ). 必要の友は真の友。	空補	indeed [indíːd] インディード 本当に
0649	when school ( )( ) = after school	空補	is over be over 〜が終わっている　after school 放課後
0650	子供時代	英語 反対	childhood [tʃáildhùd] チャイルドフッド ↔ adulthood [ədʌ́lthùd]《アダルトフッド》 成人であること adult [ədʌ́lt] アダルト 成人、おとなの
0651	go to ( ) 幼稚園に通う	空補	kindergarten [kíndərgɑ̀ːrtn] キンダーガートゥン
0652	start ( ) school 小学校に入る	空補 2	1 elementary [èləméntəri]《エラメンタリィ》 初歩の、基本の cf. element [éləmənt] 元素、要素 2 primary [práiməri]《プライマリィ》 第1位の、最初の
0653	the をつけない固有名詞 <イメージ記憶>	定義 10	東大 (university, college) → 通り (street, avenue) → 上野公園 (park) → 上野駅 (station) スカイライナーで右手に レインボーブリッジ (bridge) ブリッドジーイー → 成田空港 (airport) →千葉県 (prefecture) → New York 市 (city)
0654	東京大学	英語	Tokyo University [jùːnəvə́ːrsəti]《ユーナヴァーサティ》 総合大学 the University of Tokyo では the が付く
0655	universe [júːnəvə̀ːrs] ユーナヴァース	意味	（地球を含む）宇宙、全世界 cf. space [spéis] スペイス 空間、（地球外の）宇宙
0656	enter ( ) = ( )( )( ) （単科）大学に入る	空補	college [kɑ́lidʒ] カリッヂ（総合大学にも使う） = get into college

0657 **avenue** [ǽvənjù:] アヴァニュー	意 味	大通り (street と直交する)、並木道 例）Fifth Avenue 5番街
0658 **prefecture**	意 味 アク	県、府（都、道）　例）Osaka Prefecture [príːfektʃər] プリーフェクチュア
0659 バレエはどう綴るの？	英 語	**How do you spell ballet?** spell [spél] スペル つづる（つづりは spelling） ballet [bæléi] バレイ　呪文、連続
0660 魚は食べられますか？	英 語	**Do you like fish?** （物理的問題ではないので Can you eat にしない） fish [fíʃ] フェシュ 食べ物としては不可算 泳ぐ魚は単複同形
0661 [diər] ディア	英 語 2	① **deer** シカ　単複同形 ② **dear** 親愛なる
0662 **sheep** [ʃíːp] シープ	意 味	ヒツジ　単複同形 cf. shepherd [ʃépəːrd] シェパード 羊飼い
0663 ハト	英 語 2	① **dove** [dʌ́v] ダヴ (平和の象徴の白いハト) ② **pigeon** [pídʒən] ピヂャン (都市部で見られる灰色のハト)
0664 ワニ	英 語 2	① **alligator** [ǽləgèitər] アラゲイター (米国・中国産で口を閉じると歯が隠れる) ② **crocodile** [krɑ́kədàil] クラカダイウ (アフリカ・南アジア産で歯が見える)
0665 ① 子犬　② 子猫	英 語	① **puppy** [pʌ́pi] パピー ② **kitten** [kítn] キトゥン
0666 ヤギ　>　子ヤギ	英 語	**goat** [góut] ゴウト > **kid** [kíd] キッド 子ヤギ、子供、からかう

単語・熟語 & Questions		Answers & Key Points
0667 (　)(　)! 冗談よせよ。	空補	No kidding! 自分の発言に対しては「冗談じゃないんだよ」にもなる。
0668 turkey [tə́ːrki] ターキー	意味	シチメンチョウ（トルコ経由で輸入された） cf. Turkey トルコ
0669 1 イルカ　2 クジラ	英語 スペ	1 dolphin [dálfn] ダルフン　スペ ドルプヒン 2 whale [hwéil] ホエイウ
0670 雄牛	英語 2 複数	1 bull [búl] ボウ 去勢されてない成長した雄牛 複 bulls 2 ox [áks] アクス 去勢された食用・荷役用の雄牛 複 oxen [áksn] アクスン
0671 虫	英語 2	1 insect [ínsekt] インセクト （体が section に分かれている昆虫） 2 worm [wə́ːrm] ワーム（みみずのような虫）
0672 カメ	英語 2	1 turtle [tə́ːrtl] ターロウ（ウミガメ） 2 tortoise [tɔ́ːrtəs] トーラス（リクガメ）
0673 shell [ʃél] シェウ	意味 2～3	1 貝殻　2 甲羅、カタツムリの殻 3 卵の殻、ピーナツの殻
0674 1 カタツムリ 2 ナメクジ	英語	1 snail [snéil] スネイウ 2 slug [slʌ́g] スラグ なぐる、長打を打つの意味も
0675 1 crow [króu] クロウ 2 bat [bǽt] ベアト	意味	1 カラス 2 コウモリ、バット（野球の）
0676 1 cage [kéidʒ] ケイジ 2 cave [kéiv] ケイヴ	意味	1 鳥かご、おり 2 ほら穴 cf. cavity [kǽvəti] キャヴァティ 穴、虫歯

Level3	単語・熟語 & Questions		Answers & Key Points
0677	beak [bíːk] ビーク	意味	（ビーカーのようにとがった）くちばし
0678	bill [bíl] ビウ	意味 2~5	①（アヒルのような）くちばし ② 請求書（= check 米） ③ 紙幣（= note 英） ④ 法案 ⑤ ビラ
0679	note [nóut] ノウト	意味 2~4	① メモ ② 紙幣 ③ 注 ④ 音符
0680	notice [nóutəs] ノウタス	意味 1~3	① 注目（する） ② 通知 ③ 掲示
0681	nest [nést] ネスト	意味	巣
0682	野生の、荒れた ↔ 飼いならされた	英語	wild [wáild] ワイルド ↔ tame [téim] テイム
0683	sweep [swíːp] スウィープ	意味 活用	掃く > swept [swépt] スウェプト > swept
0684	① bloom [blúːm] ブルーム ② broom [brúːm] ブルーム	意味	① 咲く、花 ② ほうき
0685	① flame [fléim] フレイム ② frame [fréim] フレイム	意味	① 炎 ② 枠組み、構造
0686	① towel [táuəl] タウアウ ② tower [tauər] タウア	意味	① タオル ② タワー、塔
0687	needle [níːdl] ニードゥ	意味	針 cf. noodles [núːdlz] ヌードゥズ めん類
0688	① shrine [ʃráin] シュライン ② temple [témpl] テンポウ	意味	① 神社、聖堂、聖地 ② 寺、神殿

単語・熟語 & Questions		Answers & Key Points
0689 (　) your (　) (　) this (　). この体温計で体温を測りなさい。	空補	Take, temperature with, thermometer temperature [témpərətʃər] テンパラチュア 温度 thermometer [θəːrmɑ́mətər] さーママラァ 温度計
0690 degree [digríː] ディグリー	意味 2	1 程度、度 2 学位
0691 pretty [príti] プリティ	意味 2 反対	1 かわいい、きれい 2 かなり (= very) ↔ ugly [ʌ́gli] アグリー 醜い
0692 I (　) (　) his proposal. 彼の提案に（しぶしぶ）同意する。	空補 アク	agree to ＋提案、計画　（× 人） agree [əgríː] アグリー （決定権があって）同意する、承認する
0693 I (　) (　) you(/your opinion). あなたの意見に賛成する。	空補 反対	agree with ＋人、意見　意見が一致する ↔ disagree [disəgríː] ディサグリー 意見が合わない (with)
0694 you	意味 3 あなた（たち）以外	1 あなたの意見、思っていること 2 あなたの声、話、言っていること 3 あなたの体
0695 Can you make yourself (　) in Spanish? スペイン語で話が通じますか。	空補	understood SVOC で「あなたの話が理解される」関係。
0696 I couldn't make myself (　). 声が通らなかった。	空補	heard SVOC で「声が聞かれる」関係
0697 Just (　) (　). 手ぶらでいらしてください。	空補	bring yourself 体だけ持ってくる
0698 sharp [ʃɑ́ːrp] シャープ	意味 反対	鋭い、きっかり ↔ dull [dʌ́l] ダル 鈍い

No.	単語・熟語 & Questions		Answers & Key Points
0699	**comedy** [kámədi] カマディ	意味	喜劇
		反対	↔ **tragedy** [trǽdʒədi] トラヂャディ 悲劇
0700	**floor** [flɔ́ːr] フロー	意味	床
		反対	↔ **ceiling** [síːliŋ] スィーリング 天井
0701	**subject** [sʌ́bdʒekt] サブヂェクト	意味 3	① 主語　② 主題、話題　③ 科目
0702	**object** [ábdʒekt] アブヂェクト	意味 3	① 目的語（「を」にあたる語）② 物体　③ 目的
0703	**complete** [kəmplíːt] カンプリート	意味	完全な、完全にする
		副詞	副 **completely** [kəmplíːtli] カンプリートリィ 完全に
0704	**complement** [kámpləmənt] カンプラマント	意味	補完物 補語（S や O とイコールや SV の関係になる語）
0705	**exactly** [(ig)zǽktli] (イグ)ザクリィ	意味	正確に、まさしく
0706	**exist** [igzíst] イグズィスト	意味	存在する
		名詞	名 **existence** [igzístns] イグズィストゥンス 存在
0707	**He said me hello.**	訂正	**He said hello to me.** say は「～に～を」の SVOO の第 4 文型を取れない。
0708	**(　) you (　) (　) (　) my boss?** 上司に自己紹介をしてくれませんか。	空補	**Could(/Would/Can/Will), introduce yourself to** introduce [intrədjúːs] イントラデュース 紹介する、導入する（第 4 文型は不可）
0709	**simple** [símpl] スィンポウ	意味	単純な
		反対	↔ **complicated** [kámpləkèitid] カンプラケイティド 複雑な
		名詞	名 **simplicity** [simplísəti] スィンプリサティ 単純さ

レベル 3

	単語・熟語 & Questions		Answers & Key Points
0710	[pléin] プレイン	英語 2	1 plane 飛行機 2 plain 明白な、平易な、質素な
0711	**Let me (　　) the situation to you.** 状況をあなたに説明させてください。	空補 名詞	explain [ikspléin] イクスプレイン 説明する（第４文型は不可） 類 account for 名 explanation [èksplənéiʃən] 説明 エクスプラネイシャン
0712	**Art often (　　) feelings.** 芸術はしばしば感情を表現する。	空補 名詞	expresses [iksprésiz] イクスプレスィズ 表現する（第４文型は不可） 名 expression [ikspréʃən] 表現 イクスプレシャン
0713	**citizen** [sítizn] スィティズン	意味	国民、市民（city に住む人から）
0714	**civilization** [sivələzéiʃən] スィヴィラゼイシャン	意味 形容詞	文明 形 civil [sívl] 一般人の、国内の、礼儀正しい
0715	**military** [mílitèəri] ミリテアリー	意味	軍隊の (↔ civil)、軍人
0716	**culture**[kʌ́ltʃər] カウチャー	意味 2or3	1 文化　2 教養、培養　3 耕作 形 cultural [kʌ́ltʃrəl] カルチュロウ 文化の
0717	**agriculture** [ǽgrikʌ̀ltʃər] エァグリカウチャー	意味	農業
0718	**市場**（いちば、しじょう）	英語	market [mɑ́ːrkit] マーキット
0719	**tablet** [tǽblət] タブラット	意味 3	1 タブレット (table + et [小さい]) 2 錠剤　3 銘板
0720	**cellphone** [sélfóun] セウフォウン	意味	携帯電話 (= cell phone, cellular phone, mobile phone) cell [sél] 細胞、小部屋、電池

単語・熟語 & Questions		Answers & Key Points
0721 sell [sél] セウ	意味 活用 名詞	売る、売れる > sold [sóuld] ソウルド > sold 名 sale [séil] セイウ 販売、売上高、特売
0722 航海する > 船員、水兵	英語	sail [séil] セイウ (sale と同音) > sailor [séilər] セイラー
0723 The (b　) is (　). 電池が切れている。	空補	battery, dead battery [bǽtəri]《バタリィ》 電池（実用になっているもの。cell はそうでないもの。）
0724 The (p　) went off. 電源が落ちた。	空補	power [páuər]《パウア》 力、電力、エネルギー、大国
0725 It sold at (　) (　) (　). それは高値で売れた。	空補	a high price price [práis] プライス 価格、犠牲 salary, price には high, low を使う
0726 in the (　) of the (　) 嵐の真っただ中で	空補	middle, storm middle [mídl] ミロウ 真ん中（の） storm [stɔ́ːrm] ストーム 嵐
0727 climate [kláimət] クライマット	意味	気候
0728 地球温暖化	英語	global warming global [glóubl] グロウボウ　地球の 名 globe [glóub] グロウブ　地球（儀）
0729 砂漠	英語 アク	desert [dézərt] デザート cf. dessert [dizə́ːrt] ディザート デザート
0730 refrigerator [rifrídʒərèitər] リフリヂャレイター	意味	冷蔵庫（frige = freeze)

レベル 3

No.	単語・熟語 & Questions		Answers & Key Points
0731	**generation** [dʒènəréiʃən] ヂェナレイシャン	意味	世代（1 世代＝約 30 年）
0732	1 **photograph** 2 **photographer** 3 **photography**	意味 アク	1 写真 [fóutəgræ̀f] フォウタグラフ 2 写真家 [fətágrəfər] ファタグラファ 3 写真撮影 [fətágrəfi] ファタグラフィ
0733	(　)(　)(　) **music and art** 音楽や美術のような科目	空補 2	1 **such subjects as** such A as B　B のようなそんな A 2 **subjects such as** A such as B　A、たとえば B のような art [ɑ́ːrt] アート 芸術、美術、技術
0734	**I have P.E. in the third period.**	意味	3 時間目は体育だ。 physical education の略
0735	**physical** [fízikl] フィズィコウ	意味 反対	肉体の、物理的 ↔ **mental** [méntl] メントウ 頭の (mind の形容詞)
0736	**period** [píəriəd] ピアリアド	意味 3or4	1 ピリオド　2 期間、（授業の）時間 3 時代　4 周期、月経
0737	**shape** [ʃéip] シェイプ	意味 類義	形（づくる） 類 **form** [fɔ́ːrm] フォーム
0738	正式の、形式的な	英語 反対	**formal** [fɔ́ːrml] フォーモウ ↔ **informal** [infɔ́ːrml] 非公式の、形式ばらない インフォーモウ
0739	くせ、（個人的）習慣	英語 類義	**habit** [hǽbət] ヘァバット 類 **custom** [kʌ́stəm]（社会的、個人的）習慣 カスタム
0740	（店の）客、得意先	英語	**cumstomer** [kʌ́stəmər] カスタマー

単語・熟語 & Questions		Answers & Key Points
0741 （弁護士などの）依頼客	英語	client [kláiənt] クライアント
0742 (　)(　) A A に頼る、A 次第である	空補 1〜3	depend(/rely/count) on depend [dipénd] ディペンド　rely [rilái] リライ count [káunt] キャウント 数える、頼る
0743 discount [dískaunt] ディスカウント	意味	割引き（する）
0744 clerk [kləːrk] クラーク	意味	事務員、店員
0745 branch [brǽntʃ] ブランチ	意味	枝、支店 cf. brunch [brʌ́ntʃ] ブランチ ブランチ
0746 clothes [klóuz/klóuðz] クロウズ / クロウヅ	意味	服（複数扱い） cf. cloth [klɑ́θ] クラす 布
0747 treasure [tréʒər] トレジャー	意味	宝物、貴重品
0748 factory [fǽktəri] ファクタリー	意味	工場 (fact [作る] tory [場所])
0749 factor [fǽktər] ファクター	意味	要素、要因（fact [構成する] or [もの])
0750 (　) is stranger than (　). 事実は小説よりも奇なり。	空補	Fact [fǽkt] ファクト fiction [fíkʃən] フィクシャン （どちらも「作られたもの」から） strange [stréindʒ] ストレインヂ 奇妙な、不思議な、見知らぬ
0751 Please keep the (　). おつりは取っておいてください。	空補	change [tʃéindʒ] チェインヂ （× チェンジ　a で [e] は any, many のみ） 小銭、変える、変わる、着替える

レベル3

	単語・熟語 & Questions		Answers & Key Points
0752	(　)(　)(　) rice balls 種とおにぎりを交換する	空補	exchange seeds for exchange [ikstʃéindʒ] イクスチェインヂ seed [síːd] スィード 種（をまく）、シード選手
0753	arrange [əréindʒ] アレインヂ	意味	配列する、手配する
0754	ここはどうですか？ （気に入りましたか）	英語	How do you like it here? ×How do you like here? here は副詞なので目的語になれない。
0755	ここはどこですか。	英語	Where am I?　×Where is here? here は副詞なので主語になれない。
0756	ここら辺は不案内です。	英語	I'm a stranger here. 「私はここではよそ者です」
0757	You (　)(　) it. 必ず見つかりますよ。	空補	can't miss 「見逃すはずがない」
0758	Don't (　)(　) it. そんなの心配しなくてよい。	空補	worry about worry [wə́ːri/wʌ́ri] ワーリィ
0759	(　) you (　)(　) it? あなたはそれについて 心配しているのですか？	空補 1or2	Are, worried(/worrying) about 過去分詞は「心配させられた状態」
0760	(　)(　). = Don't worry.	空補 1or2	Never mind. / No worries. ドンマイ（Don't mind.）は言わない。
0761	[stéər] ステア	英語 2	1 stare (at)（変な目で～を）じっと見る 2 stair 階段（の1段）
0762	upstairs [ʌ́pstéərz] アプステアズ	意味 正確に 反対	二階（上の階）に、へ、で ↔ downstairs [dáunstéərz] ダウンステアズ 1階（階下）に、へ、で

レベル3

No.	単語・熟語 & Questions		Answers & Key Points
0763	屋根	英語	roof [rú:f] ルーフ
0764	highway [háiwèi] ハイウエイ	意味	幹線道路、街道（× 高速道路） cf. ハイウェイは expressway, freeway など
0765	地下鉄	英語 1～4	① subway [sʌ́bwèi]《サブウェイ》 (sub [下の] way [道]) ② underground [ʌ́ndərgràund]《アンダーグラウンド》 地下の ③ tube [tjú:b] テューブ チューブ、テレビ ④ metro [métrou] メトロウ
0766	otherwise [ʌ́ðərwàiz] アざーワイズ	意味 1～3	① さもないと ② 他の点で ③ 他の方法で (other [他の] wise [= ways 道])
0767	(　)(　), (　) you might not get a good seat. 急ぎなさい、さもないと良い席をとれないかもしれない。	空補 1or2	Hurry up, or(/otherwise) hurry [hə́:ri/hʌ́ri] ハーリー 急ぐ、急ぎ
0768	(　)(　)(　) =(　)(　)急いで	空補	in a hurry = in haste [héist] ヘイスト
0769	(　)(　), (　) we can (　) the (　). 急げ、そうすれば締め切りに間に合う。	空補	Hurry up, and meet(/make) the deadline deadline [dédlàin] デッドライン
0770	realize [rí:əlàiz] リーアライズ	意味	① 気づく ② 実現する (real [リアルに] ize [させる])
0771	Your dream will (　) (　). ≒ Your dream will be realized.	空補	come true come は「なる」

No.	単語・熟語 & Questions		Answers & Key Points
0772	He [　　] by everyone. 彼はみんなに笑われた。	英語 名詞	was laughed at laugh [lǽf] ラフ 笑う（自動詞） 名 laughter [lǽftər] ラフター 笑い
0773	destroy [distrɔ́i] ディストロイ	意味 名詞	破壊する 名 destruction [distrʌ́kʃən] 破壊 ディストラクシャン
0774	(　)(　) 工事中	空補	under construction construction [kənstrʌ́kʃən] カンストラクシャン
0775	create [kriéit] クリエイト	意味 名詞 形容詞	創造する 名 creation [kriéiʃən] クリエイシャン 創造 形 creative [kriéitiv] クリエイティヴ 創造的な
0776	image	意味 アク 動詞	像、生き写し、印象 [ímidʒ] イミヂ 動 imagine [imǽdʒin] イメアヂン 想像する
0777	目的語に to do ではなく、doing を取るハイレベル動詞 <イニシャル記憶>	定義 4~8	ID card 1 imagine　2 deny　3 consider 4 admit　5 recommend 6 resist　7 risk　8 delay
0778	deny [dinái] ディナイ	意味 1or2 名詞	1 否定する　2 与えない 名 denial [dináiəl] ディナイアウ 否定
0779	consider [kənsídər] カンスィダー	意味 名詞	（よく）考える 名 consideration [kənsidəréiʃən] 熟考 カンスィダレイシャン
0780	admit [ədmít] アドミット	意味 名詞	認める 名 admission [ədmíʃən] アドミシャン 入場（許可）、入会金

	単語・熟語 & Questions		Answers & Key Points
0781	recommend [rèkəménd] レカメンド	意味 名詞	推薦する 名 recommendation [rèkəmendéiʃən] レカマンデイシャン 推薦
0782	resist [rizíst] リズィスト	意味 名詞	抵抗する 名 resistance [rizístəns] リズィスタンス 抵抗
0783	risk [rísk] リスク	意味 形容詞	危険（にさらす）、思い切ってする 形 risky [ríski] リスキー 危険な
0784	delay [diléi] ディレイ	意味	遅らせる、延期（する）
0785	The fire (　)(　)(　) (　) the (　). 火災は山林に重大な 被害を与えた。	空補 1or2	did(/caused) serious damage to the forest　damage [dǽmidʒ] ダミヂ 損害 serious [síəriəs] スィアリアス まじめな、重大な forest [fárəst] ファラスト 森
0786	cause [kɑ́:z] カーズ	意味 2～3	1 原因　2 大義名分 3 引き起こす（tell 人 to do 型）
0787	Smoking can (　) (　)(　) your lungs. 喫煙は肺に害を与える 場合がある。	空補	do harm to harm [hɑ́:rm] ハーム 害 形 harmful [hɑ́:rmfl] ハームフォウ 有害な lung [lʌ́ŋ] ラング 肺
0788	A good night's rest will (　)(　)(　). ぐっすり眠ると体によい。	空補	do you good do 人 O は「与える」だが give を使わない。
0789	rest [rést] レスト	意味 2	1 休み、休む　2 残り
0790	leisure [lí:ʒər] リージャー	意味	余暇（娯楽の意味ではない） 自由時間

レベル3

単語・熟語 & Questions		Answers & Key Points
0791 生ゴミ	英語 類義 1～4	garbage [gɑ́ːrbidʒ] ガービッヂ 類 1 (米) trash [trǽʃ] トラッシュ 生ゴミ以外 2 (英) rubbish [rʌ́biʃ]《ラビッシュ》 くず、生ゴミ 3 refuse [réfjuːs] レフュース 公的用語 4 litter [lítər] リター 散乱したゴミ
0792 refuse [rifjúːz] リフューズ = ( ) ( )	意味 空補 名詞	断る (to do) = turn down 名 refusal [rifjúːzl] リフューゾウ 拒絶
0793 1 forget to do 2 forget doing	意味	1 ～するのを忘れる 2 ～したのを忘れる to は未来、ing は過去の事実 forget [fəgét] ファゲット > forgot > forgot(ten)
0794 1 忘れずに～する 2 ～したのを覚えている	英語	1 remember to do 2 remember doing remember [rimémbər]《リメンバー》 名 remembrance [rimémbrəns]《リメンブランス》 記憶
0795 1 regret to do 2 regret doing	意味	1 残念ながらする 2 したのを後悔している regret [rigrét]《リグレット》
0796 1 try to do 2 try doing	意味	1 ～しようとする (実際は不明) 2 試しにしてみる (実際にする) 名 trial [tráiəl] トライアル 試み、裁判
0797 I will [ ] sashimi. 刺身にチャレンジしようかな。	英語	try (eating) 「新しいことを試みる」では challenge は使わない。
0798 challenging [tʃǽlindʒiŋ] チャリンジング	意味	やりがいのある、きつい challenge は人を目的語に取ると「挑む」だが、物を取るときは「異議を申し立てる」の意味。
0799 He ( ) carries a ( ). 彼はめったにサイフを持ち歩かない。	空補 1or2	rarely(/seldom) , wallet rarely [réəli] レアリイ seldom [séldəm] セルダム これらは頻度を表す (never に近い) 準否定。 wallet [wɑ́lət] ウワラット 札入れ

No.	単語・熟語 & Questions		Answers & Key Points
0800	I can (　　) buy a (　　) for her. 彼女にほとんどハンドバッグも買ってあげられない。	空補 1or2	hardly(/scarcely) purse(/handbag) hardly [hɑ́ːrdli]《ハードリィ》 scarcely [skéəsli]《スケアスリィ》 これらは程度を表す（not に近い）準否定。 purse [pə́ːrs] パース ハンドバッグ（に入れる財布）
0801	① てくび ② あしくび、くるぶし	英語	① wrist [ríst] ウリスト ② ankle [ǽŋkl] エァンコウ
0802	① ひじ ② ひざ	英語	① elbow [élbou] エウボウ ② knee [níː] ニー 動 kneel [níːl] ニーゥ ひざまずく > knelt > knelt
0803	sit on his (　　) 彼のひざの上にすわる	空補	lap [lǽp] ラップ（単数でよい） （ナプキンを置く）ひざ、1往復、重ねる
0804	[wéist] ウエイスト	英語 2	① waist 腰のくびれ ② waste 浪費、廃棄物、むだにする 形 wasteful [wéistfl] ムダの多い、もったいない
0805	throat [θróut] すロウト	意味	のど
0806	bone [bóun] ボウン	意味	ほね
0807	bear [béər] ベア	意味 4 活用	① クマ　② がまんする、耐える ③ 実らせる、生む　④ 持つ、運ぶ > bore [bɔ́ːr] ボー > borne [bɔ́ːrn] ボーン (be born「生まれる」のときだけ born)
0808	tear	発音 2 意味 2 活用	① [tíər] ティア 涙　② [téər] テア 引き裂く > tore [tɔ́ːr] トー > torn [tɔ́ːrn] トーン
0809	① かじる ② くちゃくちゃかむ	英語 活用	① bite [báit] バイト > bit [bít] ビット > bit(ten) [bítn] ビトゥン ② chew [tʃúː] チュー

番号	単語・熟語 & Questions		Answers & Key Points
0810	**a bit**	意味	少し bit [bít] ビット 小片、ビット（情報単位）
0811	**beat** [bí:t] ビート	意味 2 活用 類義	1（連続して）打つ　2 打ち負かす > beat > beat(en) 類 defeat [difí:t] ディフィート負かす
0812	**beetle** [bí:tl] ビーロウ	意味	カブトムシ（やクワガタムシなどの甲虫）
0813	( )( )( ) **Beatles** ( )　2（～3）枚の ビートルズのレコード	空補	**a couple of, records** ofはよく省略される couple [kʌ́pl] カポウ（同種類の物）１組、夫婦 record [rékɔ:rd/rikɔ́:rd] （名前動後）記録（的、する）、レコード
0814	( )( )( )( )( ) すてきな１足の靴	空補	**a nice pair of shoes** a pair of nice shoes も可 pair [péər] ペア（２つで１つの物）１組、夫婦 shoe [ʃú:] シュー（片方の）靴
0815	( )( )( ) **his homework** 宿題に関して彼を助ける	空補	**help him with** help は物を目的語に取らない。 × help his homework は不可。 ○ help with his homework ならよい。
0816	**I [　] his homework.** 私は彼が宿題をするのを手伝った。	英語 形容詞	**helped him (to) do** help は tell 人 to do 型から make 人 原形型へ移行中。人は省略可。 形 **helpful** [hélpfl] ヘウプフォウ 役立つ
0817	**I** ( )( )( )( ) **the** ( ).　その光景にほほえまざるを得なかった。	空補	**couldn't help smiling at, sight** この help は「避ける (= avoid)」で enjoy -ing 型。
0818	**go** ( )( ) **Kyoto** 京都に観光に行く	空補	**sightseeing in** sight [sáit] サイト（see の名詞）見ること、視力、視野、景色、名所

No.	単語・熟語 & Questions		Answers & Key Points
0819	**view** [vjúː] ヴュー	意味	（特定の位置から見た）眺め、風景、 見方、意見
0820	**site** [sáit] サイト	意味	敷地、（インターネットの）サイト
0821	**She is (　)(　) her children.** 怒っている	空補 名詞	**angry(/mad) at** 他の前置詞も可だが at で覚える。 angry [ǽŋgri] エァングリィ mad [mǽd] メァッド 狂っている、怒っている 名 **anger** [ǽŋgər] エァンガー 怒り
0822	① **get mad** ② **go mad**	意味 書き換え	① 怒る＝**get angry** ② 気が狂う ＝ **go crazy** [kréizi] クレイズィ go は悪い状態に「なる」
0823	(　)(　) 目が見えなくなる	空補	**go blind** [bláind] ブラインド cf. go bad 腐る
0824	**He [　] talking.** 彼はしゃべり続けた。	英語 3	① **went on**　② **kept (on)** ③ **continued** [kəntínjuːd] カンティニュード
0825	**continent** [kɑ́ntənənt] カンタナント	意味 形容詞	大陸（continue した土地） 形 **continental** [kəntinéntl] 大陸の カンティネントウ
0826	**confident** [kɑ́nfidnt] カンフィドゥント	意味 名詞	自信がある 名 **confidence** [kɑ́nfidns] カンフィドゥンス 自信、（理性、証拠に基づく）信頼
0827	**trust** [trʌ́st] トラスト	意味	（直感に基づく）信頼、信用する、確信する
0828	**distant** [dístənt] ディスタント	意味 名詞	遠い（dis [離れて]　stant [立つ]） 名 **distance** [dístəns] ディスタンス 距離
0829	**cheer** [tʃiər] チアー	意味 形容詞	声援、元気づける　cf. Cheers! 乾杯！ 形 **cheerful** [tʃíərfl] チアフォゥ 陽気な

単語・熟語 & Questions		Answers & Key Points
0830 Who wants to make a (　　)? だれが乾杯の音頭を取りますか。	空補	toast [tóust] トウスト 乾杯（の発声）、トースト（不可算）、こんがり焼く
0831 There were (　　)(　　)(　　) in the workshop. たくさんの道具	空補 1or2	plenty(/lots) of tools plenty [plénti] プレンティ 多数 (pl = plus) plenty of, lots of, a lot of ＋可算・不可算 tool [tú:l] トゥール workshop [wə́:rkʃàp] ワークシャプ 作業場、勉強会
0832 a musical (　　) 楽器	空補	instrument [ínstrəmənt] インストラマント （精密な学術研究に使う）道具、計器
0833 機会	英語 2or3	① chance [tʃǽns]《チャンス》 機会、偶然、可能性 ② opportunity [àpərtjú:nəti]《アパチューナティ》 好機 ③ occasion [əkéiʒən]《アケイジャン》 特定の場合、行事
0834 (　　)(　　) 偶然に ↔ (　　)(　　) わざと、故意に	空補 反対	by chance(/accident) ↔ on purpose [pə́:rpəs] パーパス 目的、意図
0835 ① 事故、偶然 ② 出来事、事件	英語	① accident [ǽksidənt] アクスィダント ② incident [ínsidənt] インスィダント
0836 a (　　)(　　) 交通渋滞	空補	traffic jam traffic [trǽfik]《トゥラフィック》 交通（の）、不正売買をする jam [dʒǽm]《ジャム》 ぎっしり詰まる（こと）、ジャム
0837 (　　)(　　)(　　) the opportunity その機会を利用する	空補 2	① make use of use [jú:s] ユース 使用、使いみち ② take advantage of advantage [ədvǽntidʒ]《アドヴァンティヂ》 有利（な点）、メリット
0838 excuse	発音 2 意味 2	① [ikskjú:z] イクスキューズ 許す ② [ikskjú:s] イクスキュース 言い訳

	単語・熟語 & Questions		Answers & Key Points
0839	1 Excuse me. 2 Excuse me? ↗	意味	1 失礼します。すいません。 2 もう1回言ってくれますか。語尾を上げる。
0840	pardon [pɑ:rdn] パードゥン	意味	許し、許す cf. Pardon (me)? ↗ = Sorry?↗ もう1度言ってください。
0841	I (　　) your pardon. ごめんなさい。	空補	beg [béɡ] ベッグ 請う 語尾を上げると Pardon? の丁寧な言い方。
0842	1 望遠鏡 2 顕微鏡	英語	1 telescope [téləskòup] テラスコウプ (tele [遠くを] scope [見る物]) 2 microscope [máikrəskòup] マイクラスコウプ (micro [ミクロを] scope [見る物])
0843	telegraph [téləgræ̀f] テラグラフ	意味	電報（の制度） cf. telegram [téləgræ̀m] テラグラム 電報（で送られる物）
0844	wire [wáiər] ワイア	意味 2	1 針金　2 電線、電報、電信
0845	net [nét] ネット	意味 2or3	1 網　2 ネットワーク、インターネット 3 正味
0846	私はインターネットで 在宅勤務をしている。	英語	I work from home on the Internet.
0847	cobweb [kɑ́bwèb] カブウエブ	意味	クモの巣　cf. web クモの巣、インターネット
0848	きりん	英語 アク	giraffe [dʒərǽf] ヂャラフ
0849	hippopotamus [hìpəpɑ́təməs] ヒパパタマス	意味	カバ (hippo [馬] potamus [河]) 略 hippo [hípou] ヒポウ
0850	rhinoceros [rainɑ́sərəs] ライナサラス	意味	サイ（rhino [鼻] ceros [角] ） 略 rhino [ráinou] ライノウ

Level 4

No.0851 ～No.1100

No.	単語・熟語 & Questions		Answers & Key Points
0851	I [ ] being late. 彼に遅れたことを謝った。	英語 名詞	**apologized to him for** apologize [əpάlədʒàiz] アパラヂャイズ（自動詞） 名 **apology** [əpάlədʒi] アパラヂィ 謝罪
0852	I [ ] the poor service. 彼にサービスが悪いと文句を言った。	英語 名詞	**complained to him about(/of)** complain [kəmpléin] カンプレイン（自動詞） 形 **complaint** [kəmpléint] カンプレイント 不平
0853	**pride** [práid] プライド	意味 形容詞	誇り **proud** [práud] プラウド 誇りである
0854	I ( )( )( )( )( ) a ( ). 彼が教授であるのを誇りに思っている。(前置詞を使って)	空補 名詞	**am proud of his(/him) being a professor** 動名詞の意味上の主語は所有格か目的格 professor [prəfésər] プラフェサー
0855	854 を節を使って	書き換え 書き換え	**I am proud that he is a professor.** 前置詞+(that)SV はできないので of を省略する。
0856	He ( )( )( ) he did not try harder. もっとがんばらなかったことを彼は恥じている。	空補	**is ashamed that** ashamed [əʃéimd] アシェイムド
0857	856 を前置詞を使って	書き換え	**He is ashamed of not having tried harder.** 前置詞を復活 → 後ろは動名詞。 時制のずれは having pp、否定語はその前に。
0858	前置詞の後に来られない形は？	定義 2	**① to do　② (that) SV** apologize, complain のような自動詞も that 節を取るときは前置詞を略すので、他動詞に見える。 例) He complained that I was lazy.

No.	単語・熟語 & Questions		Answers & Key Points
0859	It's a ( ) that we missed the deadline. 締め切りに間に合わなかったのは残念なことだ。	空補 2	① shame [ʃéim]《シェイム》 残念なこと、恥 ② pity [píti]《ピティ》 残念なこと、同情すべきこと
0860	He didn't ( ) ( ). 彼は現れなかった。	空補 2	turn(/show) up turn up 姿を現す (= appear) ボリュームを上げる、襟を立てる
0861	appear [əpíər] アピア	意味 2 反対	① 現れる ② 見える ↔ disappear [disəpíər] ディサピア 見えなくなる、消える
0862	It ( ) ( ) he won the lottery. 彼は宝くじに当たったように見える。	空補 2or3	① seems that(/like) ② appears that ③ looks like lottery [látəri] ラタリィ 宝くじ cf. lot くじ、運命、敷地、ひと山
0863	862 = He seems [ ] the lottery.	書き換え	to have won 不定詞の時制のずれは to have pp の形で表す。
0864	He seemed to have won the lottery. を that 節で	書き換え	It seemed that he had won the lottery.「彼は宝くじに当たったように見えた。」 He seemed that he ～という形はない。
0865	過去完了	形 意味 3or4	had pp ① ずっとしていた ② したことがあった ③ してしまっていた ④ ちょうどしたところであった 現在完了の「る」を「た」に変える。
0866	It ( ) ( ) that the news was fake. そのニュースはフェイクであることが判明した。	空補	turned out fake [féik] でっちあげ（の）
0867	prove [prúːv] プルーブ	意味 2 名詞	① 証明する ② 判明する 名 proof [prúːf] 証拠、～に OK である

レベル4

単語・熟語 & Questions		Answers & Key Points
0868 866 = The news [ ] fake.	書き換え 2	turned out(/proved) to be
0869 The Mongol army [ ] by the typhoon. 蒙古軍は台風で滅ぼされたと言われていた。	英語	was said to have been destroyed Mongol [mάŋgl] マンゴゥ モンゴル人（語、の） typhoon [taifúːn] タイフーン 台風
0870 869 = [ ] by the typhoon.	書き換え	It was said that the Mongol army had been destroyed
0871 envelope [énvəlòup] エンヴェロウプ	意味	封筒 （en [中に] velope [包み込むもの]）
0872 develop [divéləp] ディヴェラップ	意味 名詞	開発する、発展させる （de [解放する] velop [包みから]） 名 development [divéləpmənt]《ディヴェラプマント》 開発、発展
0873 regular [régjələr] レギャラー	意味 反対	いつもの、規則的な、正規の ↔ irregular [irégjələr] イレギャラー 不規則な
0874 She gave me a hug ( )( ). いつものように	空補	as usual cf. than usual いつもより hug [hʌ́g] ハグ 抱きしめる（こと）
0875 as [əz] アズ	意味 8	① とき ② として ③ 同じ ④ ように ⑤ つれて ⑥ なので ⑦ だが ⑧ しながら also が語源なので同時を表す。
0876 He is big ( ) a three-year-old. 三歳児としては大きい。	空補	for as を使うと「３歳児のように」に聞こえる。 ハイフンでつながる語は単数形。
0877 for [fə] ファ	意味 前３～８ 接１	前 ① ために ② 求めて ③ あいだ ④ としては ⑤ 代わりに ⑥ とって ⑦ が ⑧ 賛成して 接 というのは（～だから）

レベル 4

単語・熟語 & Questions		Answers & Key Points
0878 **For he was starving, he stole the bread.** が間違いの理由。	定義	for は等位接続詞で and の位置で使うから。 ○ He stole the bread, for he was starving. 「彼はパンを盗んだ。というのは～だったから。」
0879 **starve** [stɑ́ːrv] スターヴ	意味	飢える
0880 等位接続詞をすべて	英語 7	1 and　2 but　3 or　4 so 5 for　6 nor　7 yet（しかし）
0881 **He stole the bread. Because he was starving.** が間違いの理由。	定義	従位接続詞が導く節は独立できないから。 ○ He stole the bread(,) because he was starving. ○ Because he was starving, he stole the bread.
0882 **He was starving, therefore he stole the bread.** が間違いの理由。	定義	therefore [ðéərfɔ̀r]「それゆえに」は副詞だから。 セミコロンにするか接続詞を使う。 ○ He was starving, so he stole the bread.
0883 カンマで2文をつなぐ誤りを何というか。	定義	カンマ・スプライス (comma splice [spláis] 結合)
0884 **I took medicine, however it didn't work.** が間違いの理由。	定義	however [hauévər]「しかしながら」が副詞でカンマ・スプライスになるから。 ○ I took medicine; however, it didn' t work.
0885 **medicine** [médəsn] メダスン	意味 2	1 薬 2 医学 (= medical science)
0886 **however** [hauévər] ハウエヴァ	意味 2	1 しかしながら 2 たとえどれほど～だとしても
0887 **(are, old, however, you), staying active is important.**	並べ替え	However old you are 「どれほど年をとっても、活動的であることは重要だ。」

No.	単語・熟語 & Questions		Answers & Key Points
0888	887 = [　　], staying active is important.	書き換え	No matter how old you are あなたがどれほど年寄りかは問題とならなくて
0889	active [ǽktiv] エァクティヴ	意味 2 反対	① 活動的な、活発な ② 積極的な、能動的な ↔ passive [pǽsiv] パスィヴ 消極的な、受身の
0890	act [ǽkt] エァクト	意味 2or3 名詞	① 行動（する） ②（劇の）幕 ③ 条例 名 action [ǽkʃən]《エアクシュン》 活動、動作、作用 cf. actor [ǽktər] エァクター 俳優
0891	positive [pάzətiv] パザティヴ	意味 2or3 反対	① 積極的な　② 明白な　③ 肯定的な ↔ negative [négətiv]《ネガティヴ》 消極的な、否定的な
0892	疑問詞 ever	意味 2 言い換え	① ～するものはすべて = any ～ that（名詞節になれる） ② たとえ～だとしても = no matter 疑問詞（副詞節を作る）
0893	Whatever he says is impressive.	意味 言い換え	彼の言うことはすべて印象的だ。 = Anything (that) he says is impressive.
0894	感動的な	英語 2or3	① impressive [imprésiv] インプレスィヴ 印象的な ② touching 心の琴線に触れるような ③ moving 心を動かすような
0895	I was (　) by his speech. 感動した	空補 2or3	① impressed [imprést] インプレスト 名 impression [impréʃən] インプレシャン 印象 ② touched　③ moved
0896	Whatever he says, I won't respect him.	意味 言い換え	たとえ彼が何を言おうとも、私は彼を尊敬しない。 = No matter what he says, I won't respect him.

単語・熟語 & Questions		Answers & Key Points
0897 respect [rispékt] リスペクト =( )( )( )	意味 2 空補	① 尊敬(する) = look up to ② 点
0898 ① respectable ② respectful ③ respective	意味	① 立派な(外から見て respect が able できる) ② 礼儀正しい(本人に respect の気持ちが full に詰まっている) ③ それぞれの(点ごとの)
0899 ( ) = ( )( )( ) 軽蔑する	空補	despise [dispáiz] ディスパイズ (de [下を] spi [= spy 見る]) = look down on
0900 fortune [fɔ́ːrtʃən] フォーチャン	意味 2 形容詞 副詞	① 富、財産 ② 運 形 fortunate [fɔ́ːrtʃənət] 幸運な フォーチャナット 副 fortunately 幸運にも
0901 900の反対語	英語 形容詞 副詞	misfortune [misfɔ́ːrtʃən] ミスフォーチャン 不幸 形 unfortunate [ʌnfɔ́ːrtʃənət] 不運な アンフォーチャナット 副 unfortunately 残念なことに
0902 to my surprise	意味	私が驚いたことに to one's 感情名詞「〜したことに」
0903 [ ], his pet dog died. 彼が悲しんだことに	英語 1or2	To his sorrow (/sadness) sorrow [sárou] サロウ 悲しみ
0904 ( ) the ( )( )( ) Taro タローがとても喜んだことに	空補	to the great delight of delight [diláit] ディライト 大喜び(させる)
0905 return ( ) and ( ) 無事に戻る	空補	safe and sound sound [sáund] サウンド 音(がする)、健全な
0906 She was ( ) asleep. ぐっすり	空補 2	① sound ② fast [fǽst] 速い、速く、しっかりと、断食

単語・熟語 & Questions		Answers & Key Points
0907 **serve** [sə́ːrv] サーヴ	意味 名詞	仕える、供給する、勤める 名 **service** [sə́ːrvəs] サーヴィス 奉仕、公益事業
0908 **servant** [sə́ːrvənt] サーヴァント	意味 反対	召使、使用人 ↔ **master** [mǽstər] マスター 主人、雇主、マスター（する、した人）
0909 **slave** [sléiv] スレイヴ	意味	奴隷 ↔ master
0910 (　　) **to say** 言うまでもないことだが	空補	**needless** [níːdləs] ニードラス 必要でない
0911 **You like every one; that is to say, you are indifferent to every one.** どれもが好きとは、[　　　]。	意味	すなわち、どれにも無関心なのである。 that is (to say) すなわち、つまり be indifferent to ～に無関心である indifferent [indífərənt] インディファラント
0912 **So-called "miracle" drugs might have serious side effects.**	意味	いわゆる「奇跡の」薬が重大な副作用を持つかもしれない。 so-called [sóukɔ́ːld] ソウコールド（本当かどうか疑わしいが）いわゆる、世間で言われている drug [drʌ́g] ドラッグ 薬、麻薬
0913 **effect** [ifékt] イフェクト	意味 形容詞	効果、結果 形 **effective** [iféktiv] イフェクティヴ 効果的である、有効である
0914 (　　)(　　)(　　)(　　)～ ～に影響を与える	空補 2or3	**have an effect(/influence/impact) on** influence [ínfluəns] インフルアンス 影響（する） impact [ímpækt] インパクト 衝撃
0915 **What do they** (　　)(　　)(　　)? = What do they share?	空補	**have in common**（共通して持つ） share [ʃéər] シェア 共有する、分け前、株式 common [kɑ́mən] カマン 共通の、ありふれた

単語・熟語 & Questions		Answers & Key Points
0916 He (　)(　)(　) the 100 meter race. ～に参加した = (　)(　)	空補 言い換え	took part in = participated in participate [pɑrtísəpèit] パーティサペイト (part [一部を] cipate [= take 占める])
0917 race [réis] レイス	意味 2 形容詞	1 競走　2 人種 形 racial [réiʃəl] レイショウ 人種の、民族の
0918 learn to do	意味 1or2	1 ～するようになる 2 ～のしかたを身に付ける = learn how to
0919 He (　)(　)(　) the dog. 彼はその犬を好きになった。	空補 2	1 learned to like (プロセスに重点) 2 came to like (結果に重点) ×become to do とは言わない
0920 "Thank you." "(　)(　)(　)." = You're welcome.	空補 2	1 Don't mention it. 2 Not at all. mention [ménʃən] メンシャン 述べる at all 否定で「全く～ない」肯定で「ともかく」
0921 produce [prədjúːs] プラデュース	意味 名詞 2	生み出す (pro [前に] duce [導く]) 名 1 product [prάdəkt] プラダクト 製品 2 production [prədʌ́kʃən] プラダクシャン 製造
0922 reduce [ridjúːs] リデュース	意味 名詞	減少させる (物理的) (re [元のゼロの方へ] duce [導く]) 名 reduction [ridʌ́kʃən] リダクシャン 減少
0923 increase [inkríːs] インクリース	意味 反対	増える 名 [ínkriːs] インクリース 増加 ↔ decrease [dikríːs] ディクリース 減る (数値的) 名 [díːkriːs] ディークリース 減少
0924 He is able to judge. = He has the (　)(　)(　).	空補	ability to judge judge [dʒʌ́dʒ] ヂャッヂ 判断する、審判、裁判官 名 judgment [dʒʌ́dʒment] ヂャッヂマント 判決

レベル 4

単語・熟語 & Questions		Answers & Key Points
0925 **sentence** [séntns] セントゥンス	意味 2	① 文 ② 判決（を下す）
0926 **The scholarship [her, attend, enabled, to] the university.** 奨学金のおかげで彼女は大学に行けた。	並べ替え	**enabled her to attend** enable [inéibl] イネイボウ 人が～するのを可能にさせる (tell 型) scholarship [skálərʃip] スカラシップ 奨学金 cf. scholar [skálər] スカラー（文系の）学者
0927 **attend** [əténd] アテンド	意味 2 名詞 2	① 出席する　② 世話をする 名 ① **attendance** [əténdəns]《アテンダンス》 出席、看護 ② **attention** [əténʃən]《アテンシャン》 注意、世話
0928 **The teacher [to, for, apologize, pupils, forced, her] their behavior.** 先生は生徒に自分のしたことを謝らせた。	並べ替え	**forced her pupils to apologize for** force [fɔ́:rs] フォース 力、無理やり～させる (tell 型) ※ 使役を表すが to が消えていないので使役動詞とは言わない。 pupil [pjú:pl] ピューポウ 生徒（米では小学生）
0929 **behavior** [bihéivjər] ビヘイヴュア	意味 動詞	ふるまい、行儀 動 **behave** [bihéiv] ビヘイヴ ふるまう behave oneself 行儀よくする
0930 **We (　)(　)(　)(　) the rules.** 彼が規則に従うのを期待する。	空補	**expect him to follow** expect [ikspékt] イクスペクト 期待する、予想する expectation [èkspektéiʃən]《エクスペクテイシャン》 期待、予想 follow [fálou] ファロウ 従う、ついて行く
0931 **except** [iksépt] イクセプト	意味 類義 1or2 名詞	～を除いて 類 ① **but**　② **save** 名 **exception** [iksépʃən] イクセプシャン 例外
0932 **expert**	アク 意味	[ékspə:rt] エクスパート 専門家

単語・熟語 & Questions		Answers & Key Points
0933 We (　)(　) finish the project ahead of schedule. なんとか予定前に事業を終えることができた。	空 補	managed to manage [mǽnidʒ] マニヂ 管理する、経営する なんとかやり遂げる manager [mǽnidʒ] マニヂャー 経営者、部長 野球部のマネージャーは care taker
0934 schedule	発 音	[skédʒu:l/ʃédju:l] スケヂューウ / シェデューウ on schedule 予定通りに behind schedule 予定より遅れて
0935 "Can I (　)(　)(　)(　) this?" "Sure, (　)(　)." 「ちょっとこれを見てもいいですか」「もちろんです、どうぞどうぞ」	空 補	have(/take) a look at, go ahead ahead [əhéd] アヘッド (a [に] head [頭の方])
0936 quality [kwɑ́ləti] クワラティ	意 味 反 対	質 ↔ quantity [kwɑ́ntəti] クワンタティ 量
0937 ordinary [ɔ́:dnəri] オードゥナリィ	意 味 反 対	ふつうの、ありふれた ↔ extraordinary [ikstrɔ́:dnəri] 並外れた イクストロードゥナリィ cf. extra [ékstrə] エクストラ 余分な（物）
0938 polite [pəláit] パライト	意 味 反 対 1or2	丁寧な ↔ 無作法な、失礼な rude [rú:d] ルード impolite [impəláit] インパライト
0939 pollute [pəlú:t] パルート	意 味 名 詞	汚染する 名 pollution [pəlú:ʃən] パルーシャン 汚染
0940 environment [inváirənmənt] インヴァイランマント	意 味 形容詞	環境 形 environmental [invàirənméntl] 環境の インヴァイランメントウ
0941 surround [səráund] サラウンド	意 味 名 詞	囲む 名 surroundings（直接感じる周囲の）環境

Level4 単語・熟語 & Questions		Answers & Key Points
0942 ( ) the ( ) of that ( ) その山のふもとで	空補	at the foot of that mountain mountain [máuntn] マウントゥン （ふもとから 300m 以上のもの）
0943 a ( ) ( ) of ( ) 大量の情報	空補	a large amount of information a large amount of + 不可算名詞 amount [əmáunt] アマウント （mount [山] a [になったもの]）量 information [infərméiʃən] インファメイシャン 情報
0944 ( ) down a ( ) 丘を転がり落ちる	空補 スペ	roll [róul] ロウウ hill [híl] ヒウ (mountain より低い山) スペ どちらも ll で終わる
0945 Communication ( ) a ( ) ( ). コミュニケーションは基本的役割を果たす。	空補	plays a basic role play 劇、演じる basic [béisik] ベイスィック 基本的な role [róul] ロウウ 役割
0946 playground [pléigràund] プレイグラウンド	意味	遊び場、（学校の）運動場 cf. ground グラウンド、地面、根拠
0947 prayer	発音 2 意味 2 動詞	① [préər] プレア 祈り ② [préiər] プレイア 祈る人 動 pray [préi] プレイ 祈る
0948 bow	発音 2 意味 2	① [báu] バウ おじぎ（をする） ② [bóu] ボウ 弓
0949 row [róu] ロウ	意味 2	①（横の）列 ② ボートをこぐ
0950 line [láin] ライン	意味 5～7	① 線、回線、路線 ② ひも ③ 列（縦 or 横） ④ 行 ⑤ せりふ ⑥ 短い手紙 ⑦ 職業、専門
0951 The ( ) is ( ). お話し中です。	空補	line, busy [bizi] ビズィ 忙しい

No.	単語・熟語 & Questions		Answers & Key Points
0952	I (　)(　) sociology. 私は社会学を専門にする。	空補 1or2 反対	1 **major in**（学部） 2 **pecialize in**（大学院以上） major [méidʒər] メイヂャー 大きい方の、成人 ↔ **minor** [máinər] マイナー 小さい方の、未成年、副専攻する sociology [sòusiálədʒi] ソウスィアラヂー 社会学
0953	多数派 ↔ 少数派	英語	**majority** [mədʒɔ́rəti] マヂョラティ 過半数 ↔ **minority** [mənɔ́rəti] マノラティ 少数民族
0954	**measure** [méʒər] メジャー	意味 2	1 測定（する）　2 措置 発音 s, z は [ʒ] ジュ　g, j は [dʒ] ヂュ
0955	社会	英語 形容詞	**society** [səsáiəti] ササイアティ 形 **social** [sóuʃl] ソウショウ 社会の
0956	**research** [risə́ːrtʃ] リサーチ	意味	研究（する）、調査（する） cf. researcher [risə́ːrtʃər] リサーチャー 研究者
0957	**source** [sɔ́ːrs] ソース	意味 同音	源 同 **sauce** ソース
0958	**resource** [ríːsɔ̀ːrs] リーソース	意味	資源、財源 （re [何度も] source [湧き出る源]）
0959	**reuse**	意味	[rìːjúːs] リユース 再利用（する [rìːjúːz] リユーズ）
0960	**recover** [rikʌ́vər] リカヴァー	意味 名詞	回復する、取り戻す 名 **recovery** [rikʌ́vəri] 回復
0961	**deliver** [dilívər] ディリヴァー	意味 名詞	配達する　名 **delivery** [dilívəri] 配達
0962	**improve** [imprúːv] インプルーヴ	意味 名詞	改良する（im [中に] prove [OK の状態の]） 名 **improvement** [imprúːvmənt] 改良

No.	単語・熟語 & Questions		Answers & Key Points
0963	import	意味 反対	[impɔ́ːrt] 輸入する [ímpɔːrt] 輸入 (im [中に] port [港の]) ↔ **export** [ikspɔ́ːrt] 輸入する [ékspɔːrt] 輸入
0964	湾	英語 1or2	1 **bay** [béi] ベイ 2 **gulf** [gʌ́lf] ガルフ（bay より大きい）
0965	exhibition [èksəbíʃən] エクサビシャン	意味 動詞	展示（会、品） 動 **exhibit** [igzíbit] イグズィビット 展示する
0966	display [displéi] ディスプレイ	意味	展示する、表す、表示 (dis [反対に開く] play [= ply 折ってあるものを)
0967	reply [riplái] リプライ	意味	答える、返事 (re [相手に] ply [折り返す]) reply to him ≒ answer him
0968	be to 構文 <イニシャル記憶>	用法 5	伊予柑、うんめ〜 1 意図 2 予定 3 可能 4 義務 5 運命
0969	You are ( )( ) your children more. もっと子供らをほめるべきだ。	空補	**to praise** [préiz] プレイズ 義務の be to
0970	This is not ( )( )( ). これは受け入れられない。	空補 名詞	**to be accepted** 可能の be to accept [əksépt] アクセプト 受け入れる 名 **acceptance** [əkséptns] 受け入れ アクセプトゥンス
0971	If you are ( )( ), you need to build a shelter. 生き延びたいなら、シェルターを作る必要がある。	空補 名詞	**to survive** 意図の be to survive [sərváiv] サヴァイヴ 名 **survival** [sərváivl] サヴァイヴォウ shelter [ʃéltər] シェルター 隠れ場

No.	単語・熟語 & Questions		Answers & Key Points
0972	I ( )( ) stay home ( )( )( ). でかけるよりはむしろ家にいたい。	空補	would rather, than go out would rather 原形 than 原形 …より〜したい rather [rǽðər] ラザー やや、むしろ、かなり
0973	ladder [lǽdər] ラダー	意味	はしご
0974	means [míːnz] ミーンズ	意味 複数 反対	手段 複 means 単複同形 ↔ end [énd] エンド 目的、端、終わり
0975	He ( ) his ( ) of becoming a doctor. 医者になるという彼の目標を達した。	空補 目標 2	achieved [ətʃíːvd] アチーヴド 名 achievement [ətʃíːvment]《アチーヴマント》 達成、業績 1 aim [éim] エイム　2 goal [góul] ゴウウ
0976	That country is (b)( )( )( ). その国は決して平和ではない。	空補	by no means peaceful peaceful [píːsfl] ピースフォウ 「どんな手段によっても平和じゃない」 not at all peaceful なども可
0977	He was ( )( )( ). 彼は優秀とはほど遠かった。	空補	far from excellent excellent [ékslənt] エクスラント anything but excellent「優秀以外の何か」なども可
0978	[rúːt] ルート	英語 2	1 root 根、心のふるさと 2 route 道
0979	ancient [éinʃənt] エインシャント	意味 反対	古代の ↔ modern [mɑ́dərn] マダン 現代の、近代の
0980	male [méil] メイウ	意味 同音 反対	男性（の） 同 mail 郵便（制度、物） ↔ female [fíːmeil] フィーメイウ 女性（の）

No.	単語・熟語 & Questions		Answers & Key Points
0981	**patient** [péiʃənt] ペイシャント	意味 2 反対	① 患者　② しんぼう強い ↔ impatient [impéiʃənt] インペイシャント がまんできない
0982	I can't (　) it any more. もう耐えられない。	英語 2～3	① stand　② endure [indjúər] インデュア ③ bear
0983	982. = I can't (　) (　) (　) it any more.	書き換え	put up with ～で堪忍袋が張った状態
0984	**burst** [bə́ːrst] バースト	意味 活用	破裂（する） > burst > burst
0985	use (　) (　) on Japan 日本に原子爆弾を使う	空補	atomic bombs atomic [ətɑ́mik] アタミック 原子の cf. atom [ǽtəm] エァタム 原子 bomb [bɑ́m] バム 爆弾、爆撃する
0986	The chocolate (　) in the (　). チョコは暑さで溶けた。	空補	melted, heat melt [mélt] メルト 固体が液体になる heat [híːt] ヒート 熱さ、熱する
0987	The kettle is (　). やかんが沸いている。	空補	boiling kettle [kétl] ケロウ やかん boil [bɔ́il] ボイウ 沸く、ゆでる
0988	This (　) (　) (　) (　) a (　) point. この記事はつまるところたった１つの要点になる。	空補	article boils down to, single article [ɑ́ːrtikl] アーリコウ 記事、品物、冠詞 single [síŋgl] スィンゴウ たった１つの、独身の
0989	**consumption tax** [kənsʌ́mpʃən tǽks] カンサンプシャン タクス	意味 動詞	消費税 動 consume [kənsjúːm] カンスューム 消費する
0990	**comfortable**	アク 意味 反対	[kʌ́mftəbl] カンフタボウ 快適な ↔ uncomfortable 不快な、居心地の悪い [ʌnkʌ́mftəbl] アンカンフタボウ

No.	単語・熟語 & Questions		Answers & Key Points
0991	normal [nɔ́ːrml] ノーモウ	意味 反対	標準の、普通の ↔ abnormal [æbnɔ́ːrml]《エァブノーモウ》 特異な、異常な
0992	a very valuable phrase = a phrase ( )( )( )	意味 空補	とても価値のある名言 = of great(/much) value phrase [fréiz] フレイズ 句、表現 valuable [vǽljuəbl] ヴァリュアボウ 高価な value [vǽljuː] ヴァリュー 価値
0993	describe [diskráib] ディスクライブ	意味 名詞	(ことばで) 描写する 名 description [diskrípʃən]《ディスクリプシャン》 描写、記述
0994	The palace was ( ) ( ). 宮殿は筆舌に尽くせなかった。	空補	beyond description (表現を越えていた) palace [pǽləs] パラス 宮殿
0995	分詞構文	定義 形 意味	漠然と背景補足説明をする副詞句 ing ～て、で
0996	Having a fever, she wanted a blanket.	意味	熱があって、彼女は毛布をほしがった。 fever [fíːvər] フィーヴァー 熱 blanket [blǽŋkət] ブランカット 毛布
0997	Not losing heart, he kept making efforts.	意味	落胆しないで、彼は努力を続けた。 lose heart 落胆する
0998	make an effort = work hard = ( )	空補 アク	endeavor [endévər]《エンデヴァー》 (真剣に) 努める、努力
0999	( )( ) the ( ), they decided to ( ). 結果に満足して、彼らはお祝いをすることにした。	空補	Satisfied with the results, celebrate Being の省略の受動の分詞構文 be satisfied with ～に満足している satisfy [sǽtəsfài] サタスファイ 満足させる result [rizʌ́lt] リザウト 結果 (として起こる) celebrate [séləbrèit] セラブレイト (事柄を) 祝う

No.	単語・熟語 & Questions		Answers & Key Points
1000	おめでとう！	英語	Congratulations! [kəngræ̀tʃəléiʃənz] カングラチャレイシャンズ 強意の s をつける。 congratulate 人 on 事 事柄に対して人を祝う [kəngrǽtʃəlèit] カングラチャレイト
1001	ceremony [sérəmòuni] セラモウニィ	意味	式典
1002	勤勉である	英語 2or3	1 diligent [dílidʒənt] ディリヂャント 2 industrious [indʌ́striəs] インダストリアス 3 hardworking
1003	産業	英語 形容詞	industry [índəstri] インダストリー 産業、工業、勤労、勤勉 形 industrial [indʌ́striəl] インダストリアウ 産業の
1004	brain [bréin] ブレイン	意味	脳（しばしば複数形で使う）
1005	(　)(　)(　). のんびりやれよ。じゃあね。	空補	Take it easy. 事態をのんきに受け取りなさい。it = things
1006	[féər] フェア	英語 2 意味	1 fare 運賃 2 fair 定期市、公平な、きれいな cf. fairly かなり
1007	fear [fíər] フィア	意味 形容詞	恐怖 形 fearful [fíərfl] フィアフォウ 恐れている、恐ろしい
1008	I was (　). 私は怖かった。 （怖がらせられていた）	空補 2	1 scared [skéərd] スケアド 2 frightened [fráitnd] フライトゥンド
1009	The movie was (　). 映画は怖かった。（人を怖がらせるようなものだった）	空補 2	1 scary [skéəri] スケアリィ 2 frightening [fráitniŋ] フライトゥニング

No.	単語・熟語 & Questions		Answers & Key Points
1010	Their (　　) was (　　). 彼らの態度はひどかった。	空補 1or2	attitude was terrible(/horrible) attitude [ǽtitjùːd] エアティテュード terrible [térəbl] テラボウ　cf. terror 恐怖、テロ horrible [hɑ́rəbl] ハラボウ　cf. horror 恐怖、ホラー
1011	I have muscle pain.	意味 発音	筋肉痛がする。 muscle [mʌ́sl] マソウ 筋肉 pain [péin] ペイン 痛み
1012	I have [　　]. ひどい頭痛がする。	英語	a bad(/terrible) headache headache [hédèik] ヘレイク　heavy は使わない
1013	1 歯痛 2 腹痛、胃痛	英語	1 toothache [túːθèik] トゥーセイク 2 stomachache [stʌ́məkèik] スタマッケイク
1014	He (　　) an (　　) (　　) (　　). 彼はガンの手術を受けた。	空補 動詞	had an operation for cancer operation [ɑ̀pəréiʃən] アパレイシュン 作業、手術 動 operate [ɑ́pərèit] アパレイト 処置をする cancer [kǽnsər] キャンサー ガン
1015	cooperate [kouɑ́pərèit] コウアパレイト	意味 名詞	協力する（co [共に] operate [作業する]） 名 cooperation [kouɑ̀pəréiʃən] 協力 コウアパレイシャン　協同組合
1016	nerve [nə́ːrv] ナーヴ	意味 形容詞	神経 形 nervous [nə́ːrvəs] 神経質な、不安な ナーヴァス
1017	long [lɑ́ŋ] ラング	意味 2 名詞	1 長い、長く　2 あこがれる (for) 名 length [léŋkθ] レンクス 長さ
1018	assemble [əsémbl] アセンボウ	意味 名詞	集める、組み立てる 名 assembly [əsémbli] 集まり、朝礼 アセンブリィ

レベル4

	単語・熟語 & Questions		Answers & Key Points
1019	( ) often ( ) ( ) PTSD. 兵士はしばしば PTSD で苦しむ。	空補	**Soldiers, suffer from** soldier [sóuldʒər] ソウウヂャー 兵士 suffer [sʌ́fər] サファ こうむる、苦しむ (from) post-traumatic stress disorder「心的外傷後ストレス障害」
1020	1 **army** [ɑ́:rmi] アーミー 2 **navy** [néivi] ネイヴィ	意味	1 陸軍、軍隊　2 海軍
1021	核兵器	英語	**nuclear weapon** nuclear[njú:kliər] ニュークリア 核の、核兵器 weapon [wépn] ウエプン 武器、兵器
1022	The terrorists ( ) the police ( ). テロリストは警官たちを襲った。	空補	**attacked, officers** attack [ətǽk] アタック 攻撃する officer [ɑ́:fəsər] アーファサー 役員、公務員、警官
1023	( ) languages 公用語	空補	**official** [əfíʃl] アフィショウ 公式の、公務の
1024	You should know ( ) ( ) ( ) yourself from ( ). いじめからの身の守り方	空補	**how to protect, bullying** protect [prətékt] プラテクト 保護する bully [búli] ブリー いじめる、いじめっ子
1025	**bury**	発音 意味 名詞	[béri] ベリー 埋める 名 **burial** [bériəl] ベリアウ 埋葬
1026	I'm sorry to ( ) you. = trouble	空補	**bother** [bɑ́ðər] バザー 悩ませる、悩む
1027	He ( ) ( ) ( ) ( ) ( ). 彼はマイ箸を取り出した。	空補	**took out his own shopsticks** own [óun] オウン ～自身の、所有する chopsticks [tʃɑ́pstìks] チャプスティックス 箸
1028	**stick** [stík] スティック	意味 2 活用	1 棒　2 突き刺す、くっつく (to) > **stuck** [stʌ́k] スタック > **stuck**

No.	単語・熟語 & Questions		Answers & Key Points
1029	**opposite** [ápəzit] アパズィト	意味 動詞	反対の 動 **oppose** [əpóuz] アポウズ ～に反対する
1030	**The (　)(　)(　)(　) his (　).** その運動選手は相手と握手した。	空補	The **athlete shook hands with** his **opponent**.　相互複数で hands にする。 athlete [ǽθliːt] エァすリート スポーツ選手 opponent [əpóunənt] アポウナント（試合などの）敵
1031	**the railroad tracks**	意味	鉄道の線路 railroad [réilròud] レイウロウド 鉄道＝railway（英） track [trǽk] トゥラック 跡、小道、トラック競技
1032	(　)(　) 希少金属	空補	**rare metal** rare [réər] レア 珍しい metal [métl] メトゥ 金属、（複数で）線路（英）
1033	**They are (　)(　) sunlight.** 彼らは日光が不足している。	空補 名詞	**short of**　short [ʃɔːrt] ショート 短い、足りない 名 **shortage** [ʃɔ́ːrtidʒ] ショーティヂ 不足 sunlight [sʌ́nlàit] サンライト 日光
1034	**the (　)(　)** 太陽系	空補	**solar system**　solar [sóulər] ソウラー 太陽の system [sístəm] スィスタム 制度、体系
1035	**ecosystem** [ékousìstəm] エコウスィスタム	意味	生態系
1036	**(　) the whistle** ホイッスルを吹く	空補 活用	**blow** [blóu] ブロウ 吹く、吹かれる、一撃 ＞**blew** (blue と同音)＞**blown** whistle [hwísl] フイソゥ 口笛（を吹く）
1037	**Whisper your desires.**	意味	あなたの願望をささやきなさい。 whisper [hwíspər] フイスパー ささやく、ささやき desire [dizáiər] ディザイア 願望、願う

番号	単語・熟語 & Questions		Answers & Key Points
1038	仮定法	定義 公式 2	事実の逆転 1 現在のウラ もし<過去>だったら、 2 過去のウラ <would>だろうに。 If <had pp>,<would have pp>.
1039	If I ( ) the ( ), I ( ) ( ) a cake for you. 調理法を知っていたら、 ケーキを焼いてあげるのに。	空補	knew the recipe, I would bake recipe [résəpi] レサピ レシピ bake [béik] ベイク 焼く
1040	知識	英語 発音 スペ	knowledge [nálidʒ] ナリッヂ スペ ナレッドジーイー
1041	パン屋、製パン所	英語	bakery [béikəri] ベイカリー
1042	If I ( )( ) him, he ( )( )( ) better. 彼を雇っていたら、もっと うまく取引していただろう。	空補	had employed(/hired), would have traded employ [implɔ́i] インプロイ（会社が）雇う hire [háiər] ハイア（個人的、一時的に）雇う trade [tréid] トゥレイド 貿易（する）、交換（する）
1043	願望表現	公式	if の位置に I wish（帰結節は言わない）
1044	If I ( ) more ( ), I ( )( ) more. もっと技術があったら、 もっと稼げるだろうに。	空補 be 動詞で	were(/was) more skillful, could earn skill [skíl] スキウ 腕前、技能 earn [ə́ːrn] アーン 稼ぐ
1045	もっと熟練して いたらなあ。	英語	I wish I were(/was) more skillful. wish [wíʃ] ウィッシュ 願う、願い
1046	If he ( )( ) better, the team ( )( )( ) the ( ). 彼がもっと うまく演じていたら、チーム は優勝できていただろうに。	空補	had performed, could have won the championship perform [pərfɔ́ːrm]《パーフォーム》 行う performance [pərfɔ́ːrməns]《パーフォーマンス》 遂行、上演、性能 championship [tʃǽmpiənʃip]《チャンピアンシップ》 選手権、優勝

単語・熟語 & Questions		Answers & Key Points
1047 彼はもっとうまく演じていたらなあと思っている。	英語	He wishes he had performed better.
1048 No summer in Japan would be complete [ ] fireworks. 花火がなかったら、日本の夏は物足りないだろう。	英語 3	1 without 2 but for 3 if it weren't(/wasn't) for fireworks [fáiəwəːrks] ファイアワークス 花火
1049 [ ] the coach, they would have lost. コーチがいなかったら、彼らは負けていただろう。	英語 3	1 Without 2 But for 3 If it hadn't been for coach [kóutʃ] コウチ コーチ（する）、バス
1050 The ( ) often rely on ( ). 高齢者はよく車椅子のお世話になる。	空補	elderly(/old 不敬的), wheelchairs 「the ＋形容詞」は後ろに people を予想させるので複数扱い ＝ older adults, elderly people elderly [éldərli] エゥダリィ かなり年配の wheelchair [hwíːltʃèər] ウィウチャー 車椅子
1051 I ( )( ) their ( ) will last long. 彼らの関係は長く続くだろうか。	空補	wonder if(/whether), relationship wonder [wʌ́ndər] ワンダー （～かどうか）疑問に思う、驚く relationship [riléiʃənʃìp] リレイシャンシップ 関係 relate [riléit] リレイト 関係づける、述べる last [lǽst] ラスト 続く、最後の
1052 Please ( ) your feet ( ) the room. 部屋の外で足を拭いてください。	空補	wipe [wáip]《ワイプ》, outside [àutsáid]《アウトサイド》
1053 We tried ( )( ), but ( ) of them worked. 様々な方法を試したがどれ１つ効果がなかった。	空補 名詞 2	various methods, none various [véəriəs] ヴェアリアス method [méθəd]《メソッド》 none [nʌ́n]《ナン》 １つも～ない 名 variety [vəráiəti] ヴァライアティ 多様性 名 variation [vəriéiʃn] ヴァリエイシュン 変化

No.	単語・熟語 & Questions		Answers & Key Points
1054	(　) the (　) of the (　) 記念碑の方向に	空補	in the direction of the monument direction [dərékʃən] ダレクシャン 指示、方向 direct [dərékt] ダレクト 指揮する、直接の monument [mɑ́njəmənt] マニャマント
1055	the (　) of (　) 自由の女神	空補	the statue of liberty statue [stǽtʃuː] スタチュー 像 liberty [líbərti] リバーティ 自由（政治的解放）
1056	free [fríː] フリー	意味 2or3 名詞	① 自由な　② 無料の　③ ない 名 freedom [fríːdəm] フリーダム 自由（束縛がないこと）
1057	memory [méməri] メマリィ	意味 形容詞 動詞	記憶、思いで 形 memorial [məmɔ́riəl] マモリアウ 追悼の、記念（の、物、館） 動 memorize [méməràiz] メマライズ 暗記する
1058	She (　) the poem (　) (　). 彼女はその詩を暗記した。	空補	learned, by heart 心で（＝そらで）身に付ける
1059	religion [rilígən] リリヂャン	意味 形容詞	宗教 形 religious [rilídʒəs] リリヂャス 宗教の
1060	The new movie is (　) (　) the original. オリジナルによく似ている。	空補 名詞	similar to similar [símələr] スィマラー 類似している 名 similarity [simlǽrəti] 類似点 スィムレアラティ
1061	original [ərídʒənl] アリヂャノウ	意味 名詞 2	元の（物）、独創的な 名 ① originality [əridʒənǽləti] 独創性 アリヂャネアラティ ② origin [ɑ́rədʒin] アラヂン 起源

No.	単語・熟語 & Questions		Answers & Key Points
1062	前者 ↔ 後者	英語 1～4	1 the former [fɔ́ːrmər] フォーマー ↔ the latter [lǽtər] ラター 2 the first ↔ the second 3 the one ↔ the other 4 that ↔ this 近い方が後者
1063	That makes perfect ( ). それは全く理に適っている。	空補	sense [séns] センス 意味、感覚、感知する make sense 意味をなす
1064	( ) down the ( ) to the next generation 伝統を次世代に手渡す	空補 1or2	hand(/pass), tradition [trədíʃən] トゥラディシャン
1065	( )( ) your ( ) by tomorrow. 明日までに小論文を提出しなさい。	空補 1or2 類義	Hand(/Turn) in your essay essay [ései] エセイ レポート、小論文、随筆 類 submit [səbmít] 提出する、服従させる サブミット (sub [下へ] mit [送る])
1066	report [ripɔ́ːrt] リポート	意味	報告（書、する)、報道（する)、通知表 学期末のレポートは term paper
1067	term [təːrm] ターム	意味 2～5	1 点 2 学期、期間 3 ことば、用語 4 条件、項目、合意点 5 人間関係
1068	translate [trænsléit] トゥランスレイト	意味 名詞	翻訳する (trans [越えて] relate [関係づける]) 名 translation [trænsléiʃən] 翻訳 トゥランスレイシャン
1069	interpret	アク 意味 名詞	[intə́ːrprit] インタープリット 解釈する、通訳する 名 interpretation [intə̀ːrpritéiʃən] 解釈、通訳 インタープリテイシャン
1070	Avoid taking shortcuts ( ) you are ( )( ) the route. 道をよく知っていない限り、近道は避けなさい。	空補 名詞	unless, familiar with unless [ənlés] アンレス ～しない限り（除外を表す) familiar [fəmíljər] ファミリアー 精通している 名 familiarity [fəmiliǽrəti] なじみ ファミリエアラティ

レベル 4

No.	単語・熟語 & Questions		Answers & Key Points
1071	(　) language 手話	空補	sign [sáin]《サイン》 記号、兆候、痕跡、看板、署名する cf. signal [sígnl] スィグノゥ 合図
1072	署名	英語 1or2	signature [sígnətʃər] スィグナチャー autograph [ɔ́ːtəgræ̀f]《オータグラフ》 有名人のサイン
1073	reflect [riflékt] リフレクト	意味 名詞	反射する、反省する 名 reflection [riflékʃən]《リフレクシャン》 反射、熟考
1074	instruct [instrʌ́kt] インストラクト	意味 名詞	教える、指示する 名 instruction [instrʌ́kʃən]《インストラクシャン》 指示、教授
1075	I was [　　] in my childhood. 私は子供時代バカにされた。	英語	made fun(/a fool) of fun [fʌ́n] ファン 楽しみ、おもしろい cf. funny [fʌ́ni] ファニィ おかしい、違和感のある fool [fúːl] フーゥ ばか者、ピエロ
1076	clown [kláun] クラウン	意味	ピエロ　cf. crown [kráun] クラウン 王冠
1077	figure [fígjər] フィギュア	意味 3～5	① 形　② 人影、体形、人形　③ 数字、計算 ④ 図形、挿絵　⑤ 計算する
1078	You' re not (　)(　)(　) the (　)(　) the present. 過去と現在を比較すべきでは（することになってはい）ない	空補 名詞	supposed to compare the past with suppose [səpóuz] サポウズ 想定する、思う compare [kəmpéər] カンペア 比べる、例える (to) 名 comparison [kəmpǽrəsn]《カンパラスン》 比較、比喩
1079	Are you convenient to come tonight?	訂正 名詞	Is it convenient for you to come tonight? convenient [kənvíːnjənt]《カンヴィーニャント》 便利な、都合のよい （人に使えない） 名 convenience [kənvíːnjəns]《カンヴィーニャンス》 便利さ

レベル 4

1080
Who is (　)(　)(　) this project?
誰が企画の責任者だ。
空補

in charge of
charge [tʃɑ́:rdʒ] チャーヂ 料金（を課す）、責任、非難、告訴（する）、充電（する）

1081
speak English (　)
流暢に英語を話す
空補　形容詞　名詞

fluently [flú:əntli] フルーアントリィ
形 **fluent** [flú:ənt] フルーアント 流暢な
名 **fluency** [flú:ənsi] フルーアンスィ 流暢さ

1082
I work for the (　) government.
地方自治体で働いている。
空補

local [lóukl] ロウコウ
地元の（いなかの意味ではない）
↔ global 全世界の

1083
都会の ↔ 田舎の
英語

urban [ə́:rbən]《アーバン》 ↔ **rural** [rú:rəl]《ルーロウ》

1084
She lives in the (　).
彼女は郊外に住んでいる。
空補

suburbs [sʌ́bə:rbz] サバーブズ
(sub [下] urban [都会の])

1085
They (　) a (　).
トンネルを掘った。
空補　1～2

dug(/bored) a tunnel
dig [díg] ディグ 掘る > dug [dʌ́g] ダッグ > dug
tunnel [tʌ́nl] タノゥ

1086
the frontier (　)
開拓者精神
空補　形容詞

spirit [spírət] スピラット 精神、魂、蒸留酒
形 **spiritual** [spíritʃuəl] スピリチュアウ 霊的な
frontier [frʌntíər] フランティア 開拓前線、辺境

1087
A good idea (　) me.
いい考えが浮かんだ。
空補　2

① **struck**
strike [stráik] ストライク 打つ、ストライキ（をする）
> struck [strʌ́k] ストラック > struck
② **hit** hit [hít] ヒット 打つ > hit > hit

1088
1087 = A good idea (　)(　) me.
空補　1or2

① **occurred to** occur [əkə́:r] アカー 起こる
② **came to**

1089
There's a tiny flag on top of the lunch.
意味

ランチの上に小さな旗が乗っている。
tiny [táini]《タイニー》 ごく小さい　flag [flǽg]《フレァッグ》 旗

Level4	単語・熟語 & Questions		Answers & Key Points
1090	You can say that again.	意味	全くその通りだ。 (もう1度言ってもよいくらいだ)
1091	Say when.	意味	いいところで言ってください。 (皿に取ってあげるとき)
1092	Way to go!	意味	よし、いいぞ！（それが行くべき道だ）
1093	The pleasure is mine.	意味	こちらこそ。(喜びは私のものです)
1094	You should (　　) (　　) and club (　　). 勉強と部活を両立させるべきだ。	空補	balance studying, activities balance [bǽləns] ベァランス てんびん、つり合いを取る activity [ǽktívəti] アクティヴァティ 活動
1095	Cats are often (　　) (　　) on the road. ネコはよく道路で轢かれる。	空補	run over (over [上を] run [走られる]) はねられるなら hit
1096	(　　) up the wrong tree 間違った木に向かって吠える	空補	bark [bɑ́ːrk] バーク 吠える、木の皮 「お門違いだ」という定型表現。
1097	an (　　) (　　) 海外の冒険旅行	空補	overseas adventure overseas [óuvərsíːz] オウヴァスィーズ 海外（の、へ） adventure [ədvéntʃər] アドヴェンチャー 冒険
1098	(　　) (　　) 平均して	空補	on average average [ǽvəridʒ] エァヴァリッヂ 平均
1099	a strict limit	意味	厳しい制限 strict [stríkt] ストゥリクト 厳しい、厳格な limit [límit] リミット 限度、制限（する）
1100	a cruel fate	意味	残酷な運命 cruel [krúːəl] クルーアゥ 残酷な fate [féit] フェイト 運命

Level 5

No.1101 〜No.1300

No.	単語・熟語 & Questions		Answers & Key Points
1101	**conclude** [kənklúːd] カンクルード	意味 名詞	結論づける (con [全部を] clude [= close 閉じ込める]) 名 **conclusion** [kənklúːʒən]《カンクルージャン》 結論
1102	**include** [inklúːd] インクルード	意味 名詞	含む (in [中に] clude [閉じ込める]) 名 **inclusion** [inklúːʒən]《インクルージャン》 包含、統合教育
1103	**contain** [kəntéin] カンテイン	意味 名詞 形容詞 動詞	（びっしり）含む 名 **content** [kántent] カンテント 内容、中身 形 動 [kəntént]《カンテント》 満足して、満足させる
1104	**emerge** [imə́ːrdʒ] イマーヂ	意味 名詞	現れる (e [外へ] merge [水の]) 名 **emergency** [imə́ːrdʒənsi]《イマーヂャンスィ》 緊急事態
1105	**disaster** [dizǽstər] ディザスター	意味 形容詞	災害 (dis [不吉な] ster [星]) 形 **disastrous** [dizǽstrəs]《ディザストラス》 悲惨な
1106	**symbol** [símbl] スィンボウ	意味 形容詞	象徴 形 **symbolic** [simbálik]《スィンバリック》 象徴的な
1107	**recognize** [rékəgnàiz] レカグナイズ	意味 名詞	認める 名 **recognition** [rèkəgníʃən]《レカグニシャン》 認識、承認
1108	**inspect** = (　)(　) [inspékt] インスペクト	意味 書き換え 名詞	検査する (in [中を] spect [見る]) = look into 名 **inspection** [inspékʃən] インスペクシャン 検査
1109	**connect** [kənékt] カネクト	意味 名詞	つなげる 名 **connection** [kənékʃən]《カネクシャン》 つながり

1110	admire [ədmáiər] アドマイア	意味 名詞	敬服する 名 admiration [ædməréiʃən] 賞賛 アドマレイシャン
1111	Please ( )( )( ) your family. 家族によろしく。	空補 2	① say hello to ② remember me to (英式)
1112	How much ( ) I ( ) you?　おいくらですか。	空補	do, owe [óu] オウ 負う いくら借りがありますかの意味
1113	関係代名詞 what	意味 5	① もの　② こと　③ 姿 ④ 人　⑤ 状態
1114	He is not what he used to be.	意味	彼は昔の彼（＝昔彼がそうであった姿）ではない。
1115	I [ ] today.　今の私があるのは彼のおかげだ。	英語	owe to him what I am owe A to B　A を B に負う＝A なのは B のおかげ
1116	Funerals have become smaller [ ] the pandemic. パンデミックのせいで葬儀は小さくなった。	英語 3～5	① owing to　② because of ③ on account of　④ due to ⑤ thanks to funeral [fjúːnərl] フューナロウ 葬儀 pandemic [pændémik] パンデミック 世界的流行病
1117	account [əkáunt] アカウント	意味 2～6	① 計算書　② 口座　③ 話 ④ 考慮　⑤ 重要性　⑥ 説明する
1118	蓼食う虫も好き好き。 （人の好みは説明できない）	英語	There is no accounting for taste[s]. There is (ある) no (ない) doing (～することは) ＝～するのはありえない (It is impossible to do ~)
1119	due [djúː] デュー	意味 名詞	当然なされる義務がある duty [djúːti] デューティ 義務、職務

No.	単語・熟語 & Questions		Answers & Key Points
1120	I'm (　)(　) tomorrow. 明日は非番です。	空補 反対	off duty 勤務時間外で ↔ on duty 当番で、勤務時間内で
1121	Is it okay to (　) the (　)? 割り勘でいいですか。	空補 活用	split, bill(/check) split [splít] スプリット 裂く、（縦に）割る > split > split
1122	No way!	意味	とんでもない！
1123	Please (　)(　)(　) the salad. サラダをご自由にどうぞ。	空補	help yourself to 人を動かす系の help 体をサラダまで動かして自分で取って食べる
1124	Why (　)? いいね。	空補	not なぜしないことがあろうか、いやする。（反語）
1125	Please (　)(　)(　)(　). どうぞ楽にしてください。	空補	make yourself at home 体を自宅にいるようにさせてください
1126	(　)(　)(　)(　). お前の知ったことじゃない！	空補 2	None of your business. お前のかかわりのあることではない。 Mind your own business. 自分のことだけ気にしていろ。
1127	You really (　) it ? マジで言ってんの？	空補	mean 本気で思う Are you serious? や For real? も同意。
1128	That (　). それは時と場合によるね。	空補	depends on the circumstances の省略
1129	circumstances [sə́ːrkəmstæ̀nsiz] サーカムスタンスィズ	意味	状況、（周囲の）事情 (circum [サークル状に自分の周りに] stance [立っているもの])

1130

We must remove the huge rock blocking the road.

意味

道路をふさいでいる巨大な岩を取り除かなければならない。

remove [rimúːv] リムーヴ 取り除く
huge [hjúːdʒ] ヒューヂ 巨大な
block [blák]《ブラック》 ブロック、区画、障害（となる）

1131

We had a pleasant ( )( ) coffee.
コーヒーを飲みながら楽しいおしゃべりをした。

空補
1or2

conversation(/chat) over

conversation [kànvərséiʃən]《カンヴァセイシュン》 会話
chat [tʃǽt] チャット
（飲食しながらの）おしゃべり（をする）

1132

I selected a striped pattern.

意味

私は縞柄を選んだ。

select [səlékt] サレクト 選び出す
stripe [stráip] ストライプ 縞
pattern [pǽtərn] パターン 模範、原型、模様

1133

I'll ( )( )( ) from your workplace.
職場に車で迎えに行くよ。

空補
形容詞

pick you up

pick [pík] ピック 入念に選ぶ、摘み取る、つつく、盗む（rob 型）
形 picky [píki] ピッキー 選り好みする
workplace [wə́ːrkplèis] ワークプレイス 職場

1134

頻出不可算名詞
<イニシャル記憶>

英語
7

ゲジゲジ降るとアイウエオー

1 baggage　2 luggage　3 furniture
4 advice　5 information　6 weather
7 progress

1135

baggage
[bǽgidʒ] バギッヂ

意味

手荷物 英では luggage [lʌ́gidʒ] ラギッヂ

1136

furniture
[fə́ːrnitʃər] ファーニチュア

意味

家具 数えるときは a piece of, an item of など

1137

item [áitəm] アイタム

意味

品目、項目

単語・熟語 & Questions		Answers & Key Points
1138 advice	アク 意味 動詞	[ədvάis] アドヴァイス 忠告、助言 動 advise [ədvάiz] アドヴァイズ 勧める
1139 device [divάis] ディヴァイス	意味 動詞	装置 動 devise [divάiz] ディヴァイズ 発明する、工夫する
1140 She [ ] in speaking English. 進歩した	英語 1～3	① made progress ② progressed ③ made an advance progress [prάgrəs] プラグラス 進歩（不可算） [prəgrés] プラグレス 進歩する advance [ədvǽns] 進歩（する）（可算）
1141 process [prάsəs] プラサス	意味 動詞	過程、処理、加工する 動 proceed [prəsíːd] プラスィード 進む、処理する
1142 prevent 型動詞の形と意味	定義	prevent 人 from doing 人が～するのを妨げる 第５文型の一種と考える
1143 We need to ( ) accidents ( ) happening. 事故が起こるのを防ぐ必要がある	空補 2～3	prevent(/keep/stop), from
1144 courage [kə́ːridʒ/kʌ́ridʒ] カーリッヂ	意味 形容詞	勇気 形 courageous [kəréidʒəs] カレイヂャス 勇気のある
1145 My parents ( ) me ( ) ( ) my dreams. 両親は私が夢を追いかけるのを励ましてくれた。	空補	encouraged, to chase encourage [inkə́ːridʒ] インカーリッヂ 勇気づける (tell 型) chase [tʃéis] チェイス 追跡（する）
1146 They ( ) her ( ) ( ) a singer. 彼らは彼女が歌手になるのを思いとどまらせた。	空補	discouraged, from becoming discourage [diskə́ːridʒ] ディスカーリッヂ やる気をなくさせる (prevent 型)

	単語・熟語 & Questions		Answers & Key Points
1147	brave [bréiv] ブレイヴ	意味 名詞	勇敢な 名 bravery [bréivəri] ブレイヴァリィ 勇気 courage より日常的
1148	remind 型動詞の形と意味	定義	remind A of B　B について A に思い出させる about の意味の関連の of
1149	This smell (　) me (　) my hometown. この匂いはふるさとを思い出させる。	空補	reminds me of remind [rimáind]《リマインド》 思い出させる（tell 型も可）
1150	He (　) poor. 彼は貧乏のままだった。	空補 1or2	remained(/stayed) remain [riméin] リメイン 残る、～のままである
1151	No one (　) me (　) anything. = No one let me know anything.	空補 1or2	informed(/notified), of（remind 型） inform [infɔ́ːrm] インフォーム 知らせる notify [nóutəfai] ノウタファイ 知らせる
1152	rob 型動詞の形と意味	定義	rob 人 of 物　人から物を奪う off の意味の分離の of。人と物を逆に訳す。
1153	The war (　) him (　) his family. 戦争は彼から家族を奪った。	空補 1or2 名詞 1or2	robbed(/deprived), of rob [rάb] ラブ　deprive [dipráiv] ディプライヴ 名 robbery [rάbəri] ラバリィ 強盗（行為） 名 deprivation [dèprəvéiʃən]《デプラヴェイシャン》 剥奪
1154	They (　) him (　) his illness. 彼らは彼の病気を治した。	空補	cured him of cure [kjúər] キュア 治療（する）（rob 型）
1155	series [síəriːz] スィアリーズ	意味 複数	連続　< series 単複同形
1156	speces [spíːʃiːz] スピーシーズ	意味 複数	種（しゅ）　< species 単複同形

	単語・熟語 & Questions		Answers & Key Points
1157	an endangered species	意味	絶滅危惧種 endanger [indéindʒər]《インデインヂャー》 危険にさらす
1158	fossil fuels	意味	化石燃料 fossil [fάsl]《ファソウ》 化石　fuel [fjúːəl]《フューアウ》 燃料
1159	soil [sɔ́il] ソイウ	意味	土壌
1160	geology [dʒiάlədʒi] ヂアラヂィ	意味	地質学 (geo [土地] logy [学問])
1161	geometry [dʒiάmətri] ヂアマトリィ	意味	幾何学 (geo [土地を] meter [測ってできた学問])
1162	geography [dʒiάgrəfi] ヂアグラフィ	意味	地理学 (geo [土地を] graphy [グラフに表す学問])
1163	温室効果	英語	greenhouse effect greenhouse [gríːnhàus] 温室 cf. a green house [gríːn háus] 緑の家
1164	sustain [səstéin]《サステイン》	意味	支える、維持する
1165	SDGs は何の略か	英語	Sustainable Development Goals 持続可能な開発目標
1166	hydrogen [háidrədʒən]《ハイドラヂャン》	意味	水素
1167	oxygen [άksədʒən]《アクサヂャン》	意味	酸素
1168	carbon dioxide	意味	二酸化炭素　carbon [kάːrbn] カーブン dioxide [daiάksaid] ダイオクサイド 二酸化物 (di [2] oxy [酸化] de [された])

No.	単語・熟語 & Questions		Answers & Key Points
1169	chemistry [kéməstri] ケマストリィ	意味 形容詞	化学 形 chemical [kémikl] ケミコウ 化学の、化学薬品(~s)
1170	墓	英語 1or2	1 grave [gréiv] グレイヴ 墓、重い 2 tomb [túːm] トゥーム 墓、墓石
1171	gravity [grǽvəti] グラヴァティ	意味	重力、重大さ
1172	衛星	英語	satellite [sǽtəlàit] サタライト
1173	astronaut [ǽstrənɔ̀ːt] アストラノート	意味	宇宙飛行士（astro [星の] naut [水夫]）
1174	astronomy [əstrɑ́nəmi] アストラナミィ	意味	天文学（astro [星の] nomy [法則]）
1175	economy [ikɑ́nəmi] イカナミィ	意味	節約、経済（econo [エコの] nomy [法則]）
1176	household [háushòld] ハウスホウルド	意味	世帯、家族全員
1177	attract [ətrǽkt] アトラクト	意味 名詞 形容詞	惹きつける（a [へ] tract [引く]） 名 attraction [ətrǽkʃən] アトラクシャン 魅力（あるもの） 形 attractive [ətrǽktiv] アトラクティヴ 魅力的な
1178	vet [vét] ヴェット	意味	獣医 veterinarian [vètərənéəriən] ヴェタラネアリアン の略
1179	blade [bléid] ブレイド	意味	刃、（ナイフのような）葉
1180	edge [édʒ] エッヂ	意味	刃先、縁、優位性

No.	単語・熟語 & Questions		Answers & Key Points
1181	turn pale	意味	青ざめる　pale [péil] ペイウ 青白い、淡い
1182	pail [péil] ペイウ	意味	バケツ
1183	calligraphy [kəlígrəfi] カリグラフィ	意味	書道
1184	mall [mɔ́ːl] モーウ	意味	ショッピングモール、遊歩道
1185	precious [préʃəs] プレシャス	意味	貴重な (price [価値] ous [のある])
1186	pound [páund] パウンド	意味	ポンド ① 重量単位（lb）約 454g ② 通貨単位（£）
1187	1 1セントコイン 2 5セントコイン 3 10セントコイン 4 25セントコイン	英語	1 penny [péni] ペニー = a cent 2 nickel [níkl] ニコウ ニッケル 3 dime [dáim] ダイム　deci = 10分の1 4 quarter [kwɔ́ːrtər] クォーラー　4分の1
1188	ドル	英語 スペ	dollar [dɑ́lər] ダラー　スペ ドルラー
1189	1 円錐　2 円柱	英語	1 cone [kóun] コウン 2 cylinder [sílindər] スィリンダー
1190	aquarium [əkwéəriəm] アクウェアリアム	意味	水族館、水槽 (aqua [水] rium [物])
1191	chart [tʃɑ́ːrt] チャート	意味	海図、図表、カルテ
1192	Hang in there!	意味	がんばれ！、あきらめるな！ そこにしがみついていろの意味 Hang on in there! とも言う。

No.	単語・熟語 & Questions		Answers & Key Points
1193	Please don't (　) to call me back. わざわざかけ直さなくていいです。	空補 1or2	bother, trouble
1194	(　) you, this is the last time. いいかい、これが最後だ。	空補	Mind you は呼びかけ的でなくてもよい。 注意しろの意味。
1195	(　)(　)(　), are you (　) tonight? ところで、今夜は都合がいいかい？	空補 1or2	By the way, free(/available) available [əvéiləbl] アヴェイラボウ 利用可能な、会える
1196	Break a leg!	意味	がんばれ！
1197	You bet!	意味	確かに！いいですとも。どういたしまして。 bet [bét] ベット 賭ける > bet > bet
1198	Have you been (　) (　)? ご用件はお伺いしていますか。	空補	waited on 給仕されているかの意味
1199	How do you do?	意味	初めまして。 初対面のフォーマルな挨拶。返答も同じ。
1200	(　)(　) the right. 右側通行	空補	Keep to
1201	(　)(　) the grass. 芝生に入らないこと。	空補 1or2	Keep(/Stay) off
1202	(　)(　)! = Be careful!	空補 1or2	Watch(/Look) out
1203	昔々	英語	once upon a time

No.	単語・熟語 & Questions		Answers & Key Points
1204	**boss** [bɔ́ːs] ボース	意味 形容詞	上司 形 **bossy** [bɔ́ːsi] ボースィ いばり散らす
1205	**(　)A(　)B** A を B に付け加える	空補 名詞	**add** A **to** B add [ǽd] エアド 加える、合計する 名 **addition** [ədíʃən] アディション 追加
1206	**uphold** [ʌphóuld] アプホウルド	意味	支持する (up [上げる] hold [持ち])
1207	**go on an errand**	意味	お使いにいく errand [érənd] エランド 遣い(走り)
1208	**orphan** [ɔ́ːrfn] オーフン	意味	孤児
1209	**beverage** [bévəridʒ] ベヴァリッヂ	意味	飲み物
1210	**case** [kéis] ケイス	意味 3～5	① 箱　② 場合、事例　③ 実情、真実 ④ 訴訟　⑤ 症例、患者
1211	**base** [béis] ベイス	意味 1or2	① 土台、基地、(計画・組織の) 基礎 ② 卑しい
1212	**(　) a regular (　)** **= regularly**	空補 複数	**on, basis** [béisis] ベイスィス (知識・体系の) 基礎、基本原理 < **bases** [béisiːz] ベイスィーズ
1213	**chip** [tʃíp] チップ	意味	切れはし、ポテトチップ、フライドポテト
1214	**tip** [típ] ティップ	意味 3	① 先端　② チップ (心づけ)　③ 秘訣
1215	**tap** [tǽp] テァップ	意味 2	① 蛇口 (をつけて樹液や情報を取る) = faucet [fɔ́ːsit] フォーサット ② 軽くたたく (音)

No.	単語・熟語 & Questions		Answers & Key Points
1216	shelf [ʃélf] シェウフ	意味 複数	棚　< shelves
1217	mimic [mímik] ミミック	意味 過去形 ing形	まねる、まねてばかにする > mimicked, mimicking
1218	カンマ when	意味 書き換え	するとそのとき = and then
1219	カンマ while	意味 書き換え 2	しかしその一方で = ① but on the other hand ② カンマ whereas [hweərǽz] ウェアラズ
1220	カンマ until	意味 書き換え	そしてついに = and at last
1221	boundary [báundəri] バウンダリィ	意味	境界（線）
1222	border [bɔ́ːrdər] ボーダー	意味	へり、縁、境界、国境
1223	make a breakthrough	意味	大躍進をする breakthrough [bréikθrùː] 大発見、突破口 ブレイクすルー
1224	well-being [wélbìːiŋ] ウエウビーイング	意味	健康、幸福（well［元気で］being［いること］）
1225	This year could see another world war.	意味	今年はもう１つの世界大戦を経験するかもしれない。 could は過去ではなく「ひょっとすると〜かもしれない」。 時を主語にした see は experience の意味。
1226	pure [pjúər] ピュア	意味 名詞	純粋な 名 purity [pjúərəti] ピュアラティ　純粋さ

No.	単語・熟語 & Questions		Answers & Key Points
1227	**rapid** [rǽpid] ラピッド	意味 名詞	速い、すばやい 名 **rapidity** [rəpídəti] ラピダティ 急速さ、敏捷さ
1228	**cute** [kjúːt] キュート	意味	かわいい、（性的に）魅力的だ
1229	**the North Pole**	意味	北極　pole [póul] ポウル 棒、極
1230	**Mt. Fuji was (　)(　) a World (　) site.** 富士山は世界遺産に登録された。	空補 名詞	**registered as, Heritage** register [rédʒəstər]《レヂャスター》 登録する、記録（表） 名 **registration** [rèdʒəstréiʃən]《レヂャストレイシャン》 heritage [hérətidʒ]《ヘラティヂ》 相続遺産、文化遺産
1231	**knit** [nít] ニット	意味 2 活用 2	① 編む > **knitted** > **knitted** ② （指や骨を）組み合わせる > **knit** > **knit**
1232	**ズボン**	英語 2	① **pants** [pǽnts] ペァンツ（英では下着も言う） ② **trousers** [tráuzərz] トラウザーズ（英）
1233	**issue** [íʃuː] イッシュー	意味 2	① 出る、出版（する、物）　② 問題
1234	**prison** [prízn] プリズン	意味	刑務所、（無冠詞で）刑期、投獄
1235	**crime** [kráim] クライム	意味 形容詞	犯罪、（法律上の）罪 形 **criminal** [krímənl]《クリマノウ》 犯罪の、犯人
1236	**punish** [pʌ́niʃ] パニッシュ	意味 名詞	罰する 名 **punishment** [pʌ́niʃmənt] パニシュマント 罰
1237	**(　) A (　) B** A と B を区別する	空補 2	① **distinguish** A **from** B distinguish [distíŋgwiʃ] ディスティングウィッシュ ② **tell** A **from** B この tell は「わかる」> told [tóuld] トウルド > told

レベル 5

No.	単語・熟語 & Questions		Answers & Key Points
1238	区別、相違	英語 形容詞	distinction [distíŋkʃən] ディスティンクシャン 形 distinct [distíŋkt] ディスティンクト 違っている、はっきりした
1239	(　) the old PC (　) a new (　) その古いパソコンを新しいやつと取り換える	空補	replace, with, one replace [ripléis]《リプレイス》 取り換える、取って代わる (fill A with B 型) (re [再び] place [置く]) one は「もの、やつ」(不可算名詞では不可)
1240	cab [kǽb] キャブ	意味 類義	タクシー　類 taxi
1241	valley [vǽli] ヴァリー	意味	谷、低地 cf. volleyball [válibɔ̀ːl] ヴァリボーウ バレーボール volley はボレーする、一斉射撃する
1242	stationery [stéiʃənèəri] ステイシャネアリィ	意味 同音	文房具 同 stationary 静止した
1243	a (　) of grapes	空補	bunch [bʌ́ntʃ] バンチ 房、集まり
1244	hallway [hɔ́ːlwei] ホールウエイ	意味	玄関（の広間)、廊下 = hall
1245	pop [páp] パップ	意味	ポンと鳴る（はじける、出る)、ポピュラーな cf. lollipop [lálipàp]《ラリパップ》 ぺろぺろキャンディー、棒つきアイスキャンディー
1246	steam [stíːm] スティーム	意味	蒸気、蒸す
1247	chilly [tʃíli] チリィ	意味 名詞	うすら寒い（cold と cool の中間） 名 chill [tʃíl] チウ 冷気、寒気 cf. cool [kúːl] クーウ 涼しい、かっこいい ↔ uncool ださい

No.	単語・熟語 & Questions		Answers & Key Points
1248	**frost** [frɑ́st] フラスト	意味 形容詞	霜 形 **frosty** [frɑ́sti] フラスティ 霜の降りる（ほど寒い）(cold と icy の中間)、霜で覆われた
1249	**pebble** [pébl] ペボウ	意味	（水で丸くなった）小石
1250	**(　)(　) a doctor** 医者を呼びにやる、呼ぶ	空補	**send for** send (someone/a letter) for と考える
1251	**pack** [pǽk] パック	意味	包み、荷造り（する） cf. backpack [bǽkpæ̀k] バックパック リュックサック、ランドセル
1252	**50 miles (　) hour** 時速 50 マイル	空補 2	① **an**　② **per** [pəːr] パー ～につき cf. percent(/per cent) パーセント 100 につき mile [máil] マイル（≒ 1.6 kilometers）
1253	**buzzer** [bʌ́zər] バザー	意味	ブザー　buzz [bʌ́z] バズ ブンブンいう cf. bazaar [bəzɑ́ːr] バザー 市場、バザー
1254	**(　) the (　)** 芝を刈る	空補 活用	**mow the lawn** mow [móu] モウ　lawn [lɔ́ːn] ローン > **mowed** > **mowed/mown**
1255	**style** [stáil] スタイウ	意味 形容詞	やり方、型（体のスタイルは figure） 形 **stylish** [stáiliʃ] スタイリッシュ 流行の、上品な
1256	**in this (　)** この方法で = style	空補 2or3	① **way**　② **manner** [mǽnər] メァナー 方法、行儀（複数で） ③ **fashion** [fǽʃən] ファシャン 流行、やり方
1257	**type** [táip] タイプ	意味 2 形容詞	① 型、典型　② タイプする 形 **typical** [típikl] ティピカウ 典型的な

No.	単語・熟語	Questions	Answers & Key Points
1258	sort [sɔ́:rt] ソート	意味 2 類義 動	① 種類、タイプ　② 分類する 類 classify [klǽsəfài] クラサファイ (class [等級に] fy [分ける])
1259	medium [mí:diəm] ミーディアム	意味 複数	媒介物 < mediums, media [mí:diə]《ミーディア》 マスコミ
1260	リズム	英語 スペ	rhythm [ríðm] りずム　ルヒズム
1261	コーラス	英語 スペ	chorus [kɔ́:rəs] コーラス　チョーラス
1262	ボタン	英語 スペ	button [bʌ́tn] バトン　ブットトン cf. baton [bətɑ́n] バタン 警棒、バトン
1263	ミステリー	英語 スペ 形容詞	mystery [místəri]《ミスタリィ》 謎　ムワイステリィ 形 mysterious [mistíəriəs]《ミスティアリアス》 不可解な
1264	text [tékst] テクスト	意味 1or2	① 本文、原文、教科書 ② メールを送る
1265	bar [bɑ́:r] バー	意味 1～3	① 横棒　② 障害　③ 法廷、弁護士業
1266	embarrass [embǽrəs] エンベァラス	意味 名詞	当惑させる、恥ずかしがらせる 名 embarassment 当惑、きまり悪さ [embǽrəsmənt] エンベァラスマント
1267	barrier [bǽriər] ベァリア	意味	防壁、障害
1268	reef [rí:f] リーフ	意味	岩礁、障害物
1269	coral [kɑ́rəl] カロウ	意味	サンゴ（礁）

	単語・熟語 & Questions		Answers & Key Points
1270	**brass** [brǽs] ブラス	意味	真鍮、金管楽器類
1271	**a (　) dog** 野良犬	空補	**stray** [stréi] ストレイ 道に迷う、さまよう
1272	**(　) devices** 電子機器	空補	**electronic** [ilèktránik] イレクトラニック 電子工学の cf. electronics [ilèktrániks] イレクトラニクス 電子工学、電子機器
1273	**a (　) pencil** シャープペンシル	空補	**mechanical** [məkǽnikl] マキャニコウ 機械の
1274	**He is (　) (　) me.** = older than	空補 反対	**senior to** senior [síːnjər] スィーニャ 年上の ↔ **junior** [dʒúːnjər] ジューニャ 年下の
1275	**He (　) reading (　) playing video games.** = He liked reading better than playing video games.	空補 形容詞 名詞	**preferred, to** prefer [prifə́ːr] プリファー 好きである 形 **preferable** [préfərəbl] プレファラボウ 好ましい 名 **preference** [préfərəns] プレファランス 好み
1276	**He (　) the (　) family (　) the burning building.** 彼は燃え盛る建物から取り残された家族を救出した。	空補	**rescued, trapped, from** rescue [réskjuː] レスキュー 救助する trap [trǽp] トラップ わな（にかける）、閉じ込める
1277	**(　) (　) recent studies** 最近の研究によると	空補	**according to** 伝聞を表すので me は来ない。 according [əkɔ́ːrdiŋ] アコーディング 一致した
1278	**They live (　) (　) (　) nature.** 自然と調和して暮らしている。	空補	**in harmony with** harmony [háːrməni] ハーマニィ 調和、一致
1279	**His hobby is pottery.**	意味	**彼の趣味は陶芸だ。** pottery [pátəri] パッタリィ 陶器（不可算） cf. pot [pát] パット つぼ、鉢、なべ

単語・熟語 & Questions		Answers & Key Points
1280 path [pǽθ] パす	意味 複数	小道 < paths [pǽðz/pǽθs] パずズ/パすス
1281 synonym [sínənim] スィナニム	意味 反対	同義語 (syn [= same]　nym [= name]) ↔ antonym [ǽntənim] エァンタニム　反対語
1282 sir [sə́ːr] サー	意味 反対	（目上、客などの男性への呼びかけ） 旦那様（訳さなくてよい） ↔ ma'am [məm] マム（女性への呼びかけ） 奥様、お嬢様（madam の略）
1283 fantastic [fæntǽstik] ファンタスティック	意味	空想的な、すばらしい
1284 (　　) two weeks (　　) today　今日から２週間以内で	空補	within, of　within [wiðín] ウイずイン within A of B　B から A 以内で　of は分離
1285 1 (　　) a (　　) しばらくの間 2 (　　) a (　　) しばらくしてから（過去） 3 (　) a (　) しばらくしたら（未来）	空補	1 for a while 2 after a while 3 in a while この in は以内ではなく「～たった時点で」
1286 この本は読む価値がある。 1 This book is [　　　]. 2 Reading this book is [　　　]. 3 It is [　　　] this book.	英語	1 worth reading worth [wəːrθ] ワーす ～の価値がある（前置詞） 2 worth while　while は時間という名詞 3 worth (while) reading /worth while to read It は仮主語。worth while は１語つづりや worth your while も可。
1287 particularly [pərtíkjələli] パティキャラリィ	意味 形容詞	特に 形 particular [pərtíkjələr] パティキャラー 特定の、好みがうるさい (about)

単語・熟語 & Questions		Answers & Key Points
1288 **respond** [rispɑ́nd] リスパンド	意味 名詞	答える、反応する 名 **response** [rispɑ́ns]《リスパンス》 返答、反応
1289 **The organization is ( )( ) providing assistance to them.** その組織は彼らに援助を供給する責任がある。	空補 名詞	**responsible for** responsible [rispɑ́nsəbl] リスパンサボウ 責任がある 名 **responsibility** [rispɑ̀nsəbíləti]《リスパンサビラティ》 責任 organization [ɔ̀ːrgnaizéiʃən]《オーガナイゼイシャン》 組織
1290 **The organization ( ) them ( ) assistance.** その組織は彼らに援助を供給した。	空補 1or2	**provided(/supplied), with** (fill A with B 型) provide [prəváid] プラヴァイド 提供する 名 provision [prəvíʒən] プラヴィジャン 用意、食糧
1291 **supply and ( )** 需要と供給	空補	**demand** [dimǽnd]《ディマンド》 需要、要求（する） supply [səplái] サプライ 供給（する）
1292 **( ) A ( ) B** A を B に当てはめる	空補 名詞	**apply, to** apply [əplái] アプライ 適用する、当てはまる (to)、申し込む (for) 名 **application** [æ̀plikéiʃən]《アプリケイシャン》 応用、応募
1293 **crane** [kréin] クレイン	意味	ツル、クレーン（で持ち上げる）
1294 **( )( ) she loved him, she couldn't tell the truth.** たとえ彼を愛していたとしても	空補	**Even though** though「～にもかかわらず」を強めた形（実際そうであるとき）。
1295 **( )( ) it rains, the game will take place.** たとえ雨が降ったとしても	空補	**Even if** if「～だとしても」を強めた形（実際そうなるかどうか不明）。take place = happen

No.	単語・熟語 & Questions		Answers & Key Points
1296	**charm** [tʃɑ́ːrm] チャーム	意味	魅力、お守り、魅了する
1297	**I'm busy (　)(　).** 平日は忙しい	空補 反対	**on weekdays** [wíːkdèiz] ウイークデイズ ↔ **on weekends** [wíːkèndz] ウイーケンヅ 1回の週末なら on the weekend
1298	**beneath** [biníːθ] ビニーす	意味 類義	～の下に 類 **under, below**
1299	**The teacher handed out the (　).** 先生はプリントを配った。	空補	**handouts** [hǽndàuts] ヘァンナウツ 配布資料、ちらし、新聞のネタ worksheet も使える。 cf. print [prínt] プリント 印刷（する）、跡、指紋
1300	**聖書**	英語	**the (Holy) Bible** [báibl] バイボウ holy [hóuli] ホウリィ 神聖な

【U】

【Y】

【文法項目】

「快単ジュニア」の解説
動画講座を無料配信！

著者の落合浩一が講師として、快単ジュニアのキーポイントを詳しく解説する動画講座を無料配信しています。

いつでもPCやスマートフォンで視聴できます。

[お申込み方法]

① 受講希望者は下記のQRコードまたはURLから「お申込みフォーム」に入り、必要事項を記入してお申し込みボタンを押してください。

② しばらくするとご登録いただいた Email 宛にビデオ視聴用のURLとパスワードが届きます。

③ 10分以上メールが届かない場合は、お申し込みの内容を再確認し、間違いがあれば送りなおしていただくか、次のEメールアドレスに返信メールが届かないことをご報告ください。
一両日中に担当者からご連絡させていただきます。

https://kai.or.jp/kaitan-jr-video

この講座は落合浩一が理事長を務めている一般社団法人 KAI が運営しています。

受講者は一般社団法人 KAI のメルマガ会員に登録され、KAI が無料で提供しているサービスをご利用いただけます。

一般社団法人 KAI のホームページをご覧になり、サービス内容をご確認ください。

https://kai.or.jp/

著者紹介　落 合　浩 一（おちあい こういち）

1960 年生まれ　北海道函館市出身
上智大学　外国語学部　英語学科　卒業
一般社団法人 KAI　理事長
青沼英語塾　塾長

大学卒業後はプロの英語講師として多くの受験生を指導する傍ら、英単語記憶術の第一人者として、人間学と記憶術で有名なアクティブ・ブレイン協会の英語専任講師を務め、多くの社会人に単語の記憶法を指導してきた実績がある。
2019 年一般社団法人 KAI を設立、理事長に就任し、会員を中心に様々な英語学習に関する様々なサービスを提供している。
2020 年には、12 年間講師を勤めた青沼英語塾の塾長に就任し、一流大学を志望する現役高校生を指導している。

全脳記憶英単語　快単ジュニア

2024 年 5 月 15 日　初版第 1 刷発行

著　　者　落合　浩一
発 行 者　一般社団法人KAI
発 行 所　株式会社 KAI 教育出版
〒271-0092 千葉県松戸市松戸 1847 日暮ビル 501
TEL047-701-5600
印 刷 所　株式会社岡田印刷

ISBN978-4-86004-130-4
